Staunen – Wissen – Entdecken

Susanne Rebscher
Mein Bayern-Buch
Wissensspaß für schlaue Kinder

*Ich widme dieses Buch allen, die an seiner Erstellung
mitgewirkt haben, und all denjenigen,
die Verständnis dafür haben, dass ich nur einen Ausschnitt
von dem großen bunten Bayern zeigen konnte.*

Susanne
Rebscher

Mein
Bayern-
Buch

Wissensspaß
für schlaue
Kinder

Mit Illustrationen
von Claudia Carls

emons:

Inhaltsverzeichnis

① Fränkische Saale

② Weißer Main · Roter Main · Main — Schneebe

③ Regnitz · Pegnitz · Main-Donau-Kanal

④ Altmühl · Wörnitz

⑤ Regen · Naab

⑥ Donau · Iller · Lech · Isar · Inn

Main

Starnberger See

Chiemsee · Wagin

Zugspitze

Watzr

Was gehört alles zu Bayerns Landschaft?

Arber

Wie entstanden die Alpen?

Vor 60 bis 2 Millionen Jahren bewegte sich die afrikanische Kontinentalplatte nach Norden und schob gewaltige Gesteinsschichten aufeinander. So entstanden bei uns mächtige Gebirge wie die Alpen. Ihre Form erhielten die Berge im Laufe der Zeit durch das Wetter und vor allem durch die Eiszeiten.

① Rhön
② Fichtelgebirge
③ Fränkische Schweiz
④ Altmühltal
⑤ Bayerischer Wald
⑥ Alpen

Die letzte Eiszeit endete vor etwa 10 000 Jahren. Während du je nach Gebirge über 2 300 bis 3 500 Metern auch heute noch nur Fels und Schnee findest, wachsen darunter doch die verschiedensten Pflanzen und Bäume. Hoch oben stehen Zirbelkiefer, Lärchen und Legföhren. Ab etwa 1 500 Metern bis hinunter ins Tal wechseln sich Nadelwälder mit Laubwäldern und Wiesen ab. Die Alpen besitzen eine reiche Blumenwelt: Alpenrose, Enzian, Alpenveilchen und viele weitere Blumen, die unter Naturschutz stehen. Über der Baumgrenze wachsen das berühmte Edelweiß sowie Moose, Flechten und Algen, die der eisigen Kälte widerstehen können.

*Der höchste Berg in Deutschland:
die Zugspitze*

*So sieht Bayerns
Landschaft aus:
1. Alpensteinbock
2. Alpensalamander
3. Edelweiß
4. Kühe
5. Schneebedeckte
Tannen*

Total altes Gestein!

Die »Bayerischen« Alpen
bestehen aus einem der
ältesten Gesteine der Erde,
dem Wettersteinkalk, und
sie haben den höchsten Berg
Deutschlands: die Zugspitze
(2962 Meter).

Welche Tiere leben in den Alpen?

Auf den kargen Felsen sind die Gämsen und der Alpensteinbock zu Hause. Ganz oben ziehen die Steinadler ihre Kreise. Das Rotwild versteckt sich lieber in den bewaldeten Gebieten. Murmeltieren begegnest du durchaus auf deinen Wanderungen durch die Berge. Wenn du Glück hast, sitzen sie vor ihren Erdlöchern und pfeifen, wenn sie dich hören.

Die Tiere haben sich im Laufe der Zeit den zum Teil harten Lebensbedingungen in den Bergen angepasst. So tragen Schneehase und das Alpenschneehuhn im Winter ein weißes Fell beziehungsweise Federkleid, um nicht allzu leicht zur Beute der hungrigen Greifvögel zu werden. Der Alpensalamander hingegen ist schwarz, damit er die Sonnenwärme länger speichern kann. Er ist übrigens der einzige Lurch bei uns, der in so hohen Bergregionen wohnt und der seine Jungen im Bauch austrägt und dann gebärt.

5

Carl Wilhelm von Gümpel

Carl Wilhelm von Gümbel (1821–1898) studierte Chemie, Zoologie, Mineralogie und Bergbau. 1863 wurde er Professor in München und 1869 Mitglied der Bayerischen Akademie der Wissenschaften. Gümbel verfasste ein 3000 Seiten langes Werk über die Entstehung der Berggebiete Bayerns.

*In der Teufelshöhle in Pottenstein
lebte früher der Höhlenbär.
Heute überwintern dort Fledermäuse.*

Wo gibt es noch mehr Berge in Bayern?

**Nicht nur im Süden und Os-
ten Bayerns findest du hohe
Berge, es gibt sie auch im
Norden.** Von Westen her ragt
dort ein Teil des Spessarts und
der Rhön nach Bayern hinein.
Die Rhön, die zum größten
Teil vulkanischen Ursprungs
ist, besteht aus vielen unterschiedlichen Naturgebieten.
Kiefernmischwälder haben
sich hier ausgebreitet und
seltene Pflanzen wie Frauen-
schuh, Behaarter Mauerpfeffer
und das Pyrenäen-Löffelkraut
angesiedelt. Auch außer-
gewöhnliche Tiere triffst du
dort: die Alpenspitzmaus,
den Schwarzstorch und die
Rhönquellschnecke.
Im Nordosten Bayerns erhebt
sich das Fichtelgebirge mit
seinen dichten Nadelwäl-
dern. Sein höchster Berg, der
Schneeberg, ist mit 1 051
Metern gleichzeitig der höchste Berg Frankens. Das Fichtelgebirge gehört vielleicht
zu den ältesten Gebirgen auf
der Erde, denn seine Entstehung begann bereits vor 750
bis 800 Millionen Jahren. Es

besteht fast zur Hälfte aus Granit. Die jüngere Fränkische Alb zieht sich von Lichtenfels am Main bis herunter nach Nördlingen. Als sich vor Millionen von Jahren ein dort liegendes Meer zurückzog, legte es nach und nach Berge aus Kalk- und Dolomitgestein frei. In den Kalksteinschichten finden die Wissenschaftler heute noch viele versteinerte Reste von Meeresorganismen. In einem Gebiet der Fränkischen Alb, das man »Fränkische Schweiz« nennt, gibt es eindrucksvolle Höhlen. Sie entstanden, als Kohlensäure in das Gestein eindrang.

Der Hochmoorgelbling muss im Moor leben, weil seine Raupe nur die Moor-pflanze Rauschbeere mag.

Ausflugstipp in die Welt der Berge

HAUS DER BERGE

Die Berchtesgadener Alpen sind der einzige alpine Nationalpark in Deutschland! Und hier findest du das »Haus der Berge«. In diesem Museum kannst du auf spannende Weise in die faszinierende Bergwelt eintauchen. Du erfährst, welche Tiere hier leben und wie die Bergwelt in den unterschiedlichen Jahreszeiten aussieht. Auch eine Almhütte ist zu besichtigen.

HAUS DER BERGE
HANIELSTRASSE 7
83471 BERCHTESGADEN

Wie fließen die Flüsse?

Als es auf der Erde wärmer wurde, flossen große Gletscherströme von den Alpen herab. Aus ihnen entstanden Flüsse wie Iller, Lech, Inn und Salzach sowie Seen im Süden Bayerns. Der Chiemsee ist der drittgrößte See in Deutschland und wird auch »Bayerisches Meer« genannt.

Der zweitlängste Fluss Europas schlängelt sich ebenfalls im Süden durch Bayern. Wo sich die Quelle der Donau wirklich befindet, kann bis heute allerdings keiner genau sagen: in Breg und Brigach oder vielleicht doch in Donaueschingen? Wo die Donau mündet, wissen wir jedoch: im Schwarzen Meer.

Der Main entspringt mit seinen Quellflüssen Roter und Weißer Main im Fichtelgebirge und ist der längste Nebenfluss des Rheins. Wissenschaftler haben nachgewiesen, dass das Stück vom Main, das von Osten nach Westen bis Bamberg fließt, bereits vor 35 Millionen Jahren existiert hat! Wie jeder Fluss grub sich der

Der seltene Huchen (Donaulachs), der sich in der oberen und mittleren Donau und ihren Nebenflüssen tummelt, wurde Fisch des Jahres 2015.

Die Auen am Obermain sind das Zuhause vieler seltener Vögel, wie zum Beispiel das des Eisvogels.

Main in die Erde ein und schuf Täler, die zum Teil durch Ablagerungen wieder zugeschüttet wurden. Dadurch entstanden viele Kurven und Schleifen dicht hintereinander, die wir Mäander nennen. In den Gebieten, wo das Wasser durch Muschelkalk und Buntsandstein floss und diese Mäander durchbrachen, bildeten sich hohe »Umlaufberge« heraus. Ein Mäander, das noch nicht durchbrochen ist, ist die Volkacher Mainschleife.

Martin Behaim

Der Nürnberger Martin Behaim (1459 – 1507) war von Beruf Kaufmann, hätte aber sicher viel lieber nur als »Welterforscher« gearbeitet! Mit dem Wissen, das er von der damals bekannten Welt hatte, baute er den heute ältesten erhaltenen Globus.

Der Donaudurchbruch (Weltenburger Enge) beim Kloster Weltenburg: Hier ist die Donau nur noch 110 Meter breit, aber dafür 20 Meter tief.

Außer dem Archaeopterix sind die kleinen Dinosaurier Xaveropterus und Juravenator starki im Altmühltal entdeckt worden.

Die Altmühl, die nordöstlich von Rothenburg ob der Tauber entspringt fließt durch das Altmühltal. Der darin gelegene Altmühlsee ist ein bekanntes Vogelschutzgebiet. Das Altmühltal ist aber nicht nur wegen der heute darin lebenden Vögel bekannt, sondern auch wegen eines Vogels, der vor Millionen von Jahren wohl hier zu Hause war: der Archaeopterix! Nirgendwo anders auf der Welt wurde er bislang noch einmal gefunden. Und die Wissenschaftler im Altmühltal graben fleißig weiter nach Fossilien, die uns etwas über das Leben auf der Erde vor vielen Millionen Jahren erzählen.

Die Natur formte ein Stück Riffgürtel aus dem Jurameer (vor 206 bis 144 Millionen Jahren über Süddeutschland) zu eindrucksvollen Felsen: den Zwölf–Apostel–Felsen.

Bastel dir ein »Tier-Gedächtnisspiel«!

DU BRAUCHST:
Ein Smartphone, einen PC mit Farbdrucker, festen Karton, eine Schere, Kleber

UND SO GEHT ES:
Suche dir aus dem Kapitel acht Tier- und Pflanzenfotos heraus, zum Beispiel: Steinbock, Alpensalamander, Edelweiß, Kuh auf Almwiese, Huchen, Hochmoorgelbling, Eisvogel und Luchs.

Fotografiere sie ab und lade die Fotos auf deinen PC. Dann druckst du die Bilder in gleicher Größe farbig aus, und zwar jedes Foto zweimal!

Schneide passend große Rechtecke in der entsprechenden Anzahl aus dem Karton aus.

Klebe jedes Foto auf ein Stück Karton.

Lege für das Spiel alle Karten verdeckt auf den Tisch. Wer die meisten Paare findet, hat gewonnen. Hier gibt es noch eine besondere Regel: Zu jedem Kartenpaar, das gefunden wird, muss den anderen Spielern erzählt werden, wo das Tier oder die Pflanze zu finden ist.

Die Wölfe, die heute zunehmend in Bayern auftauchen, stammen von Wolfsrudeln aus den französisch-italienischen Westalpen ab, oder sie kommen aus Sachsen und Brandenburg.

Was ist das Besondere am Bayerischen Wald?

Der Bayerische Wald bildet mit dem Böhmischen Wald zusammen die größte Waldlandschaft in Mitteleuropa. Er ist eine Mittelgebirgslandschaft, denn hier findest du auch hohe Berge wie den Raceel (1 435 Meter), den Lusen (1 371 Meter) und den Großen Arber (1 456 Meter). Sein Gestein gehört zum Urgestein der Erde: Gries, Granit und Quarz. Vor Millionen von Jahren befand sich hier ein Gebirge mit Bergen, die mehrere Tausend Meter hoch waren.

Wind und Regen veränderten ihre Form und Höhe. 1970 wurde das Gebiet im Bayerischen Wald um den Raceel und Lusen herum zum ersten Nationalpark in Deutschland erklärt.

Wenn du einmal (fast) über den Wipfeln der Bäume im Bayerischen Wald sein möchtest, besuchst du am besten den Baumwipfelpfad in Grafenau. Er ist der längste Baumwipfelpfad auf der Welt!

Der Auerhahn und seine Henne sind die größten Hühnervögel in Europa.

Der Bayerische Wald ist heute ein Mischwald mit Fichten, Buchen, Birken und Ahornbäumen. In ihm leben dir bekannte Waldtiere wie Reh, Hirsch, Wildschwein und Eichelhäher, aber auch solche, die im restlichen Deutschland eher selten sind: Uhu, Auerhahn, Wildkatze und der Luchs. Sogar Wolf und Braunbär sind hier vereinzelt auf ihrer »Durchreise« wieder gesichtet worden. Und eine Pflanze gibt es nur hier in diesem Wald: den Bärwurz. Aus ihm wird Medizin und Schnaps gemacht.

Noch nie gesehen!

Es gibt ein Tier in Bayern, das hat noch nie jemand in der freien Wildbahn gesichtet: den Wolpertinger! Er hat ein Gesicht wie ein Hase, kleine Hörner auf dem Kopf, Flügel und die Hinterbeine sehen aus wie Entenfüße. Der Wolpertinger ist sehr scheu und man kann ihn angeblich nur bei Vollmond fangen.

Eine vielseitige Pflanze: der Bärwurz

Gut geschützt

Interview mit der »Luchsfachfrau«
Sybille Wölfl aus Lam

Frau Wölfl leitet das Luchsprojekt Bayern und arbeitet eng zusammen mit dem Netzwerk Große Beutegreifer und vielen weiteren Organisationen, die unsere Natur und unsere Tiere schützen wollen.

Leben in den bayerischen Wäldern wirklich Luchse und Wölfe?
Luchse leben seit rund 25 Jahren wieder in Bayern und zwar in einem kleinen Bestand im Bayerischen Wald. Auch einzelne Wölfe sind schon im Alpenraum sowie in Nordbayern aufgetaucht, doch noch hat sich keiner sesshaft gemacht.

Wo kommen die her?
Luchse sind von den Menschen aktiv wiederangesiedelt worden. Vor 200 Jahren hat man sie in ganz Mitteleuropa ausgerottet. Doch heute denkt man anders darüber und möchte ihre Rückkehr ermöglichen.

Werden die Luchse und Wölfe von euch überwacht?
Ja, aber nur teilweise. Die Bestandserfassung, also das Monitoring, ist gar nicht so einfach bei Tierarten, die weit umherstreifen und so große Reviere haben.

... und wie?
Eine Möglichkeit ist die »Telemetrie«: Man legt dem Tier ein Senderhalsband um und kann dann per Fernortung verfolgen, wohin es geht. Doch das ist aufwändig und teuer. Daher setzt man heutzutage meist Fotofallen ein. Das sind Kameras mit Bewegungsmeldern, die automatisch auslösen, wenn ein Tier daran vorbeigeht.

Was, wenn wir diesen großen Beutegreifern im Wald begegnen?
Sie hören uns lange bevor wir sie wahrnehmen und weichen dann meist aus. Auf jeden Fall sollte man sich bei einer Begegnung langsam zurückziehen. Auf keinen Fall sollte man hinterherlaufen oder versuchen, das Tier mit Futter anzulocken.

Warum ist es wichtig, dass Luchs und Wolf wieder in unseren Wäldern leben?
Sie gehören zu den Fleischfressern und tragen dazu bei, ein natürliches Gleichgewicht in der Natur zu erhalten. Ohne sie entstünden Lücken im Netz des Lebens, deren Nebenwirkungen wir oft sehr verzögert bemerken beziehungsweise gar nicht abschätzen können.

Die in Bayern lebenden Luchse sind Nach-
fahren von Luchsen, die in den 1980ger
Jahren im benachbarten Böhmen
ausgewildert wurden. Die Fotos auf
dieser Seite wurden mit sogenannten
Fotofallen geschossen.

Wer sind die Bayern?

Wann kamen die ersten Menschen ins Land?

Dieser Bronzehelm aus der »Urnenfelderzeit« wurde bei Kronach in Oberfranken gefunden.

Vor etwa 120 000 Jahren wanderte vermutlich der Neandertaler bereits durch die bayerische Landschaft. Seine Spuren sind in der Gegend des Altmühltals und bei Nördlingen gefunden worden. Die Spuren des ersten »modernen Menschen« (homo erectus) in Bayern sind etwa 25 000 Jahre alt. Ab 5500 v. Chr. wanderten Menschen nach Bayern ein, die schon den Wagen und den Pflug kannten. Sie ließen sich unter anderem auf der Roseninsel im Starnberger See nieder. Der Süden Bayerns entwickelte sich zu einer Art »Durchgangsland«. Immer mehr Menschen kamen von Osten und Süden und besiedelten das Gebiet um Starnberg, Freising und Landshut herum.

Um 1200 v. Chr. zogen auch von Westen Menschen nach Bayern hinein und ließen sich am Main, an der Wörnitz und an der Donau nieder. Das waren die sogenannten »Urnenfelder Leute«. Die Wissenschaftler nennen sie so, weil sie aufwendige Gräber für ihre Fürsten anlegten, die mit Pferd und Prunkwagen beerdigt wurden. Man vermutet, dass diese Menschen keltischen Ursprungs waren.

So könnte man sich die frühen Menschen vorstellen, die nach Bayern kamen.

Was wollten die Kelten hier?

Um 700 v. Chr. kamen die Kelten ins Land und blieben etwa 1000 Jahre. Verschiedene Kultplätze um München und die Ausgrabungsstätte Manching nach Reichenhall. Dort gab es nämlich das kostbare Salz! In der keltischen Siedlung Manching könnten fast 10000 Menschen gelebt

Ein Schatz aus keltischer Zeit wurde 1999 bei Manching geborgen: 450 böhmische Goldmünzen und ein Klumpen Gold.

einer stadtähnlichen Siedlung bei Manching sind Hinterlassenschaften einer großen und interessanten Kultur.
Die Kelten verarbeiteten bereits Eisen und errichteten Handelsstraßen, wie die von haben. Eine gewaltige Befestigungsanlage umgab die Häuser, Läden, Werkstätten und Höfe. In dieser Zeit fand in Bayern das erste Geld seinen Weg in den Handel.

Was brachten die Römer mit für das Land?

Römische Provinzen in Bayern

Im Jahre 70 v. Chr. fiel der König der germanischen Sueben in das Gebiet ein, um es zu plündern und zu besetzen. Die Römer betrachteten diesen Einfall als Gefahr für die Grenzen ihres großen Reiches und schickten ihren berühmten Feldherrn Gaius Julius Caesar mit seinen Truppen los, um Ariovist zu vertreiben. Von da an nahmen die Römer immer mehr germanisches Land ein und gründeten unter anderem im Gebiet des heutigen Bayern die Provinzen Raetium und Noricum. Militärstützpunkte wie Regensburg und Handelstädte wie Augsburg wurden errichtet. Handelsrouten gingen nun bis nach Kleinasien, Richtung Frankreich und Spanien oder natürlich über die Alpen nach Rom.

So könnte das Kastell Biriciana (heute Weißenburg) ausgesehen haben.

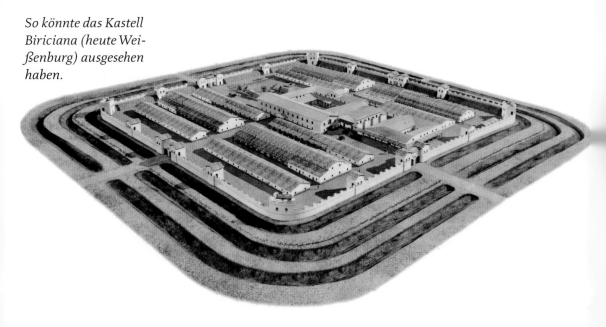

Zur Verstärkung der Grenze zwischen dem Römischen Reich mit seinen Verbündeten und den »Barbaren«, zu denen die Markomannen, Vindeliker und Chatten gehörten, wurde ein Grenzwall mit festen Wachtürmen und Palisaden errichtet – der Limes. Teile des Mains und der Donau dienten als »nasse Grenze« des Römischen Reiches. Aus den Kastellen entstanden später Orte wie Obernburg am Main (Nemaninga), Weißenburg (Biriciana), Straubing (Sorviodorum) oder Passau (Castra Batava).

Die Römer brachten ihre Götter mit nach Germanien und die Religionen vermischten sich. Während die keltischen Priester (Druiden) sich Rom beugen mussten, verehrten die Römer auch keltische Gottheiten wie die Göttin der Fruchtbarkeit Epona oder den Gott des Chiemsees namens Bedaius. Dann breitete sich das Christentum, nachdem es unter Kaiser Konstantin dem Großen (gestorben 327 n. Chr.) zur Hauptreligion im Römischen Reich erklärt worden war, in den römischen Provinzen aus. Der Mönch Severin führte die Menschen im Donau- und Alpenland zum Christentum. In Biodorum (Passau Innenstadt) errichtete er das erste Kloster auf bayerischem Boden. In Augsburg und Regensburg entstanden unter seiner Führung feste Bischofssitze. Ab etwa 500 n. Chr. zogen die Römischen Herrscher ihre Truppen aus den Provinzen im Norden ab. Das Christentum blieb, und die katholische Kirche spielt in Bayern bis heute eine große Rolle.

Der Heilige Severin

Wer waren die Bajuwaren?

Nach dem Abzug der Römer begann die eigentliche Geschichte »der Bayern«: Alemannen und Angehörige vom Stamme der Bajuwaren zogen erst in das Gebiet zwischen Donau und Alpen ein, später auch in die Gegenden der heutigen Städte Ingolstadt, Regensburg und München. Sie kamen in Schüben und wuchsen in ihrer neuen Heimat zu einem Volk zusammen. Ihre Kultur vermischte sich friedlich mit der der Kelten und Römer, vielleicht weil die Bajuwaren etliches von ihren neuen Freunden lernten: den Weinbau, die Almwirtschaft, den Salzbergbau und so manches Handwerk. Im Jahre 531 übernahmen die Franken die Herrschaft über das Gebiet. Diese Franken waren allerdings nicht die Franken, die du heute kennst, sondern die Herrscher des Fränkischen Reiches im Westen. Auch diese Herrschaftsübernahme lief friedlich ab. Die Bajuwaren zahlten keinen Tribut an die fränkischen Könige und durften weiterhin ihren eigenen Herzog wählen. Die Familie der Agilolfinger erlangte in dieser Zeit in Bayern zunehmend an Macht und Einfluss. Ihr Verhältnis zur fränkischen Oberherrschaft stand allerdings auf wackeligen Beinen. Oft wurde der ein oder andere bajuwarische Herzogssitz zum Versteck für Königsrebellen. So flüchtete Hiltrud, die Schwester der fränkischen Herrscherbrüder Pippin und Karlmann, zu Herzog Odilo (gestorben 748) und heiratet ihn dann sogar noch. Unter Odilo wurde 739 die bayerische Landeskirche begründet und das Land für eine bessere Organisation in mehrere Bistümer (unter anderem Regensburg, Freising und Passau) und Verwaltungsgebiete (Chiemgau, Isengau, Donaugau, Nordgau) eingeteilt. Der Herzog regierte von mehreren Orten aus.

Das war vermutlich der Hochzeitskelch von Tassilo III.

Odilos Sohn Tassilo III, der mit sieben Jahren Herzog wurde, ließ sich zunächst von König Pippin lenken. Doch da er immer wieder für diesen in den Krieg ziehen und sein eigenes Herrschaftsgebet vernachlässigen musste, verbündete er sich schließlich mit dem König der Langobarden und heiratete dessen Tochter. Von da an gab es verstärkt Streitigkeiten zwischen den Franken und den Agilolfingern. Tassilo wurde wegen Hochverrats angeklagt, lebenslänglich in ein Kloster gesperrt und musste für sich und alle seine Nachkommen für immer und ewig auf den Herzogthron verzichten.

Richtig wichtig!

Die wichtigste Hinterlassenschaft der Agilolfinger ist das »Lex Baiuvariorum«, das Volksrecht der Bajuwaren.
Darin war unter anderem festgehalten:
• Der Herzog darf so lange regieren, wie er es schafft, aufs Pferd zu steigen und die Waffen zu schwingen.
• Bei Rechtsgeschäften werden die Zeugen am Ohr gezogen, damit sie sich das Gehörte und Gesehene gut merken.
• Wer die Glocke einer Kuh stiehlt, muss eine Geldstrafe zahlen.

Wer waren der »König von Bayern« und der »heilige Kaiser«?

Als unter den Enkeln Karls des Großen Streit um die Aufteilung des Reiches ausbrach, wurde Ludwig der Deutsche als Unterkönig in Bayern eingesetzt.

Ludwig der Deutsche

Er erklärte Regensburg zu seiner Hauptstadt. Von hier aus fand die weitere Besiedelung des Ostens statt und die Christianisierung der Slawen. Ludwig, der ab dem Jahr 843 über das ostfränkische Reich regierte, nannte sich nun auch »König von Bayern«.

Nach seinem Tod konnte sein Sohn Karl der Dicke das Reich nicht zusammenhalten. Die Slawen drohten mit Einfällen von Osten. Die unzufriedenen Bayern setzten Karl den Dicken ab und erklärten den Markgrafen Arnulf von Kärnten zum neuen bayerischen König. Der schaffte es, die Slawen abzuwehren und die bayerischen Grenzen zu sichern. An der Seite von Arnulf von Kärnten kam ein Mann an die Macht, der das bayerische Adelsgeschlecht der Luitpoldinger begründete. Der vermutlich aus dem Freisinger Bistum stammende Luitpold wurde von Arnulf im Jahr 893 als Markgraf in Gebieten des heutigen Österreich und Ungarn eingesetzt und erwarb selbst die Grafschaften Donaugau und Nordgau. Luitpolds Sohn Arnulf der Böse wurde Herzog und unterstützte Konrad I. bei seiner Wahl zum deutschen König. Doch Konrad starb, und die Wahl gewann schließlich Heinrich von Sachsen. Arnulfs Erben kämpften immer wieder mit den ottonischen Herrschern um das Herzogtum Bayern, bis das Adelsgeschlecht der Luitpoldinger im Jahr 989 schließlich ausstarb.

Mit Heinrich IV. wurde ein ganz besonderer Mann aus dem Adelsgeschlecht der Ottonen Herzog von Bayern: Im Jahre 1002 wurde er zum König des Ostfrankenreiches und 1014 als Heinrich II. zum Kaiser des Heiligen Römischen Reiches gekrönt. Durch die Heirat seiner Schwester mit dem ungarischen König begründete Heinrich eine 1 000-jährige Verbindung zwischen Bayern und Ungarn. Bayerische Münzmeister, Kirchenleute und Siedler zogen nach Ungarn, und von dort kamen Goldschmiede und Steinmetze nach Bayern. Der bayerische Denar wurde ein anerkanntes Zahlungsmittel im Osten. Heinrich gründete das Bistum Bamberg und ließ den Bamberger Dom erbauen, in dem er mit seiner Frau begraben liegt.

Ganz besondere Päpste!

Papst Clemens II. war nicht aus Bayern und saß nur von Dezember 1046 bis Oktober 1047 auf dem Heiligen Stuhl. Doch sein Grab ist das einzige Papstgrab nördlich der Alpen und befindet sich in Bayern: im Dom von Bamberg! Papst Benedikt XVI. hingegen war Bayer und der einzige Papst, der jemals in »Rente« ging! Im Februar 2013 gab er aus Altergründen sein Amt auf.

Kunigunde von Luxemburg

Kunigunde von Luxemburg (um 980–1033) heiratete um 915 Heinrich IV. von Bayern und wurde 1014 zur Kaiserin gekrönt. Sie war an den Regierungsgeschäften beteiligt und kümmerte sich sehr um den Ausbau des Bistums Bamberg. Wie Heinrich wurde auch sie nach ihrem Tod heilig gesprochen.

Was machten die Welfen und die Wittelsbacher in Bayern?

Herzog Maximilian war sehr religiös und förderte vor allem die Marienverehrung in Bayern.

Im Jahr 1070 wurde Welf IV., dessen Stammburg die Veitsburg in Ravensburg war, von seinem König Heinrich IV. zum Herzog von Bayern ernannt. Die Familie der Welfen sollte von nun an eine große Rolle spielen im Kampf um die Macht gegen die Staufer, die das deutsche Reich regierten. Bayern hatte dabei allerdings nur eine Nebenrolle inne, denn die Welfen festigten ihre Macht vorwiegend in Sachsen und Braunschweig.

Der Welfe Heinrich der Löwe allerdings vollzog eine kleine, aber wichtige Veränderung: Er nahm im Jahre 1157 dem Bistum Freising das Marktrecht weg und übergab es einem kleinen Dorf »Munichen«. Im Jahre 1180 schenkte Kaiser Friedrich Barbarossa seinem Freund Otto von Wittelsbach das Herzogtum Bayern für treue Dienste und leitete damit die Herrschaft eines Adelsgeschlechtes in Bayern ein, die 700 Jahre dauern sollte!

1214 erwerben die Wittelsbacher zusätzlich Heidelberg und die Kurpfalz. Viele neue Städte wie Landshut, Straubing, Ingolstadt und Kelheim wurden gegründet.

Da es bei den Wittelsbachern zwei Familienzweige gab, wurden die bayerischen Länder geteilt in die Gebiete »Oberbayern mit der Pfalz« und »Niederbayern«, die aber von den Grenzen her nicht mit den heutigen Regierungsbezirken übereinstimmen. Die Teilung dauert bis zum Jahr 1506 an.

Ludwig IV.

Ludwig IV. (1282 oder 1286–1347) geriet wegen eines Italienfeldzugs mit dem Papst in Streit. Dieser entzog ihm alle Würden und belegte ihn mit dem Kirchenbann. Dennoch wurde Ludwig 1328 zum Kaiser des Heiligen Römischen Reiches gekrönt – aber ohne einen anwesenden Papst!

Der erste bedeutende König aus dem Geschlecht der Wittelsbacher war Ludwig IV., der Bayer, der 1328 auch als erster Wittelsbacher zum Kaiser des Heiligen Römischen Reiches gekrönt wurde. Ludwig machte den Alten Hof in München zu seiner Residenz und München damit zum Mittelpunkt seines Reiches.

Der Wittelsbacher Kurfürst Maximilian I. regierte ab 1597 als Herzog über Bayern. Er führte für das Land entscheidende Veränderungen durch, denn sein Vater hatte Bayern schwer verschuldet. Unter anderem ließ er die Finanzen mancher Städte von nun an von seiner Regierung regeln und förderte weiter den Handel und das Handwerk, was mehr Zölle und Steuern einbrachte. Maximilian I. lenkte seine Politik so, dass die Landstände (Adel, Großgrundbesitzer, freie Bauern) und die Bürger in den Städten nicht mehr so viel Rechte und weniger Mitsprache als er in den Regierungsangelegenheiten hatten.

Ausflugstipp zu den Bayerischen Herrschern

MÜNCHEN: BAYERISCHES NATIONALMUSEUM

Dieses Museum wurde von König Maximilian II. im Jahr 1855 gegründet. Hier erfährst du viele spannende Dinge über die bayerischen Herrscher und die Kunst in Bayern und Europa seit der Römerzeit. Das Museumsgebäude, das von dem Architekten Gabriel von Seidel entworfen wurde, ist auch sehenswert, denn es gehört zu den außergewöhnlichsten seiner Zeit.

BAYERISCHES NATIONALMUSEUM
PRINZREGENTENSTRASSE 3
80538 MÜNCHEN

Woher kamen die jüdischen Bürger?

Bereits seit dem 10. Jahrhundert gab es wohl jüdische Gemeinden in den bayerischen Gebieten, von denen einige im Laufe der Zeit eine große Bedeutung erlangten. Zu den ersten jüdischen Gemeinden gehörten die in Regensburg, Bamberg und Würzburg. Die Stadt Regensburg entwickelte sich in den folgenden Jahrhunderten zu einem Zentrum des europäischen Judentums. Hier wurde eine Talmudschule eingerichtet, an der berühmte Rabbiner lehrten. Aber es gab stets Unstimmigkeiten mit der christlichen Kirche. Diese hatte 1215 unter anderem festgelegt, dass Juden sich kennzeichnen mussten und möglichst getrennt von den Christen leben sollten. Die Städte wiesen ihnen daher bestimmte Wohnviertel zu. Die jüdischen Bürger durften außerdem keinen Grund besitzen, keinen Ackerbau betreiben und nicht in eine Zunft (Vereinigung von Handwerkern) eintreten. Da sie also weder Handwerker noch Bauern werden konnten, blieben ihnen nur der Handel und das Geldverleihen. Darin spielten die Juden allerdings eine sehr wichtige Rolle für die damali-

Ein Blick in das Innere der Synagoge in Regensburg vor ihrer Zerstörung 1519.

Elisabeth Block

Elisabeth Block (1923–1942) aus Niedernburg bei Rosenheim schrieb Tagebücher. Die Blocks waren Juden und überlebten den Holocaust nicht. Die Tagebücher wurden gefunden und vom Haus der Bayerischen Geschichte und dem Historischen Verein Rosenheim veröffentlicht.

ge Wirtschaft und damit auch für die mittelalterliche Gesellschaft. Vor allem aber für zahlreiche Herrscher, die sich von ihnen viel Geld liehen und deshalb zunächst schützend vor die jüdischen Gemeinden stellten. Doch die Kirche feindete besonders diese Tätigkeiten als »unchristlich« an. Immer wieder gab es gewaltsame Übergriffe gegen die jüdische Bevölkerung.

So wurde im Jahr 1285 die Synagoge in München in Brand gesteckt, und 1298 fielen Juden in Franken und Schwaben den mordenden Anhängern eines Ritters namens Rintfleisch zum Opfer. 40 Jahre später wurden fast alle Juden in Niederbayern ermordet. Im Jahre 1440 vertrieb Augsburg alle Juden aus der Stadt, München und Nürnberg folgten wenig später. 1519 beschloss die Stadt Regensburg auf Verlangen der Handwerker die Vertreibung der Juden und den Abriss der Synagoge.

Durch die Errichtung des Königreiches Bayern im Jahr 1806 kamen schwäbische und fränkische Gebiete hinzu, in denen auch jüdische Bürger lebten. Um das Zusammenleben zwischen Christen und Juden besser zu regeln, wurde etwa zehn Jahre später das »Bayerische Judenedikt« erlassen: Die Juden durften eigene Schulen und Gemeinden gründen, jeden Beruf ergreifen und Land besitzen. Allerdings wurde die Anzahl von jüdischen Bürgern in den Orten kontrolliert und begrenzt.

Markus Goldmann

Markus Goldmann (1821–1904) kam in Trappstadt in Unterfranken zur Welt. Im Jahr 1848 wanderte er nach New York aus, wo er seine Frau Bertha heiratete, die ebenfalls aus Bayern stammte. Er verdiente sein Geld, indem er Schuldscheine von Tabak- und Diamanthändlern aufkaufte und diese an Banken weiterverkaufte. Mit seinem Schwiegersohn Samuel Sachs baute er sein Unternehmen zu der berühmten Weltbank Goldman-Sachs aus.

Was wollten die Franzosen in Bayern?

Die Österreicher hatten die Bayern im Kampf gegen Napoleon im Stich gelassen. Außerdem bekam die bayerische Bevölkerung nun die Auswirkungen der österreichischen und der feindlichen Truppen im Land zu spüren, die Haus und Hof plünderten und zerstörten. Also wechselte Bayern die Seiten, nachdem Napoleon am 3. Dezember 1800 in der Schlacht bei Hohenlinden in Oberbayern die Österreicher besiegt hatte. Frankreich bekam alle Gebiete links des Rheins zugesprochen und bot Bayern eine Entschädigung für seine Kriegsverluste an. Bayern erhielt für einige Zeit unter anderem Salzburg, Tirol und Vorarlberg. Eine langsame Annäherung an Frankreich fand statt, und im Jahr 1805 schloss Bayern heimlich ein Bündnis mit Napoleon. Dieser – inzwischen zum Kaiser gekrönt – erhob ein Jahr später Bayern zum Königreich. Die Tochter des neuen bayerischen Königs Maximilian I. Joseph heiratete Napoleons Stiefsohn. Bayern wurde zu einem neuen Staat geformt: Alle christlichen Bürger (Katholiken, Lutheraner und Reformer) waren von nun an von der Religion und von ihren Rechten her gleichgestellt. Kein Bauer war mehr von einem Großgrundbesitzer abhängig, der Adel erhielt keine Steuervergünstigungen mehr, und Ämter waren nicht mehr käuflich oder gar erblich. Es gab jetzt eine bayerische Polizei, ein neues Strafgesetzbuch, und die Folter wurde abgeschafft.

Napoleon hatte in Frankreich die Kirche entmachtet, vor allem die Bildung lag dort nun

Der erste Herrscher des Königreichs Bayern hieß mit vollem Namen König Maximilian I. Maria Michael Johann Baptist Franz de Paula Joseph Kaspar Ignatius Nepomuk (1756 – 1825). Aber beim Volk hieß er »König Max«.

Die Krone des Königreichs Bayern wurde 1806 extra für die Krönung des ersten Bayerischen Königs angefertigt.

in den Händen des Staates. Das geschah in Bayern auch. Viele Klöster, Schulen und Bibliotheken wurden geschlossen. Auch äußerlich veränderte sich Bayern: Es erhielt Ansbach und kaufte 1810 Bayreuth. Nach dem gescheiterten Russlandfeldzug Napoleons wechselte Bayern 1812 wieder die Seiten und schloss heimlich ein Bündnis mit Österreich. Gerade noch rechtzeitig, denn nach dem endgültigen Sturz Napoleons behielt es dadurch seine Gebiete. Es verlor lediglich Tirol und die Pfalz rechts des Rheins, doch dafür kamen im Austausch Gebiete um Würzburg und Aschaffenburg hinzu.

Unter seinen Königen blühte Bayern auf. Kunst und Bildung wurden gefördert und München war fortan nicht nur Residenz-, sondern auch Universitätsstadt. Am 26. Mai 1818 wurde die erste Bayerische Verfassung ausgerufen.

Alles im königlich-bayerischen Wappen bedeutet etwas, u.a. stehen die silbernen drei Spitzen für Franken und der goldene Pfahl auf rot-grauen Streifen für Schwaben.

Der »Kini« musste, wie er einmal selbst sagte, viel zu früh König werden.

Wieso gab es in Bayern einen Märchenkönig?

Ludwig Otto Friedrich Wilhelm, geboren am 25. August 1845 auf Schloss Nymphenburg, lebte schon als Kind in den Traumwelten der Sagen und des Theaters. Als sein Vater Maximilian II. Joseph plötzlich starb, musste der erst 18-jährige Ludwig die Krone übernehmen.

Der junge König förderte die Künste, holte den Komponisten Richard Wagner an seinen Hof und ließ märchenhafte Schlossbauten errichten. Ludwig entfremdete sich immer mehr von der tatsächlichen Welt: Er lebte in der Nacht und schlief am Tag.

Doch ab und zu musste er regieren und sogar Krieg führen. 1866 kämpft er mit Österreich gegen Preußen, doch Preußen marschierte in Bayern ein und besetzte Bayreuth und Nürnberg. Ludwig war gezwungen, ein Bündnis mit den verhassten Preußen einzugehen, und Bayern wurde Teil des Deutschen Reiches, das der preußische Kanzler Bismarck errichtet hatte. Ludwig gab so viel Geld für seine Traumwelten aus, das er abgesetzt wurde. Am 13. Juni 1886 ertrank er mit seinem Psychiater im Starnberger See. Ludwig II. wird bis heute in Bayern als »der Kini« verehrt. Er hat seine eigene Homepage und ist auf facebook!

Elisabeth Amalie Eugenie

Diese bayerische Herzogin aus München kennst du besser unter dem Namen »Sissi«! Im Jahr 1854 heiratete sie Franz Joseph I. und wurde Kaiserin von Österreich. So wie Ludwig II. zum Märchenkönig wurde, wurde Elisabeth zu einer »Märchenkaiserin« und hat heute noch viele Verehrer!

Lerne den richtigen Hofknicks!

Der »Hofknicks« beziehungsweise die »Hofverbeugung« ist eine Bezeugung des Respektes vor hoch gestellten Adligen wie Herzögen, Grafen und vor allem Königen und Kaisern. Solltest du jemals an den Hof eines Königs oder einer Königin kommen, dann kannst du jetzt vorbildlich grüßen.

SO GEHT DER HOFKNICKS FÜR DIE MÄDCHEN:
- Halte deine Röcke mit beiden Händen etwas hoch.
- Bringe deinen rechten Fuß hinter deinen linken. Nur dein rechter Fußballen berührt den Boden. Deine Beine sind gestreckt und dein Rücken ist gerade.
- Neige den Kopf nur ganz wenig etwas nach vorne und beuge nun deine Knie nach außen.
- Gehe so weit nach unten, bis deine Knie fast den Boden berühren.
- Verharre für ein bis zwei Sekunden in dieser Position.
- Bewege dich wieder langsam zurück in eine aufrechte Haltung.
- Der Knicks sollte ohne ruckartige Bewegungen ablaufen, dann hast du alles richtig gemacht!

UND SO GEHT DIE VERBEUGUNG DER JUNGEN:
- Du stellst den rechten Fuß vor den linken Fuß.
- Der rechte Fuß macht einen Halbkreis nach außen und kommt hinter dem linken Fuß zu stehen.
- Lege den linken Arm angewinkelt vor deinen Körper und den rechten Arm angewinkelt hinter deinen Körper.
- Mache eine tiefe Verbeugung, bis dein Gastgeber sagt: »Erhebt euch!«

Mitmachkasten!

Wer kam, blieb und ging dann noch in Bayern?

Die Könige gingen im Jahr 1918 und es kamen Parteien an die Macht. Die Menschen in Bayern waren unzufrieden und erschöpft, denn sie hatten gerade den Ersten Weltkrieg (1914–1918) erlebt. Sie rebellierten und setzten den König ab. Auch Deutschland wurde nicht mehr von einem Kaiser, sondern von Parteien regiert. Bayern war jetzt ein »Freistaat« und vergrößerte sich wieder: 1920 beschlossen die Coburger mit einer Volksabstimmung, dass sie von nun an zu Bayern gehören wollten.

Aber vielen Intellektuellen, ehemaligen Soldaten und anderen Unzufriedenen waren die neuen Regierungen zu »modern«. Sie wollten die alte Ordnung wieder haben oder etwas Ähnliches. Diese Menschen kamen zu einem Großteil nach Bayern und verbündeten sich mit der neuen Partei der Nationalsozialisten, die schließlich erst München und dann ganz Deutschland beherrschte. Diese Partei stürzte die Menschen in ein furchtbares Unglück: Judenverfolgung und Zweiter Weltkrieg (1939–1945).

Die Nationalsozialisten übernehmen die Macht München.

1945 kamen die Amerikaner und besetzten am 30. April München. Der Zweite Weltkrieg war zu Ende. Die Soldaten kehrten zurück und mit ihnen etwa zwei Millionen Deutsche, die in den Gebieten im Osten gelebt hatten, welche nun von der russischen Armee erobert worden waren.

1946 gab es für Bayern eine neue Verfassung und 1950 ein neues Wappen.

Die Menschen in Bayern bauten ihre Dörfer und Städte wieder auf, und es gab endlich wieder genug Arbeit. Jedenfalls für diejenigen in der Stadt, und deshalb zogen viele Mensche vom Land weg. Die Landwirte klagten bald, dass sie nicht genug Helfer hätten, und forderten die Regierung auf, »Gastarbeiter« aus dem Ausland zu holen. Im Jahr 1956 kamen die ersten aus Italien, viele weitere Tausend aus Spanien, Griechenland und der Türkei sollten folgen. Nach dem Fall der Mauer 1989 suchten auch Menschen aus den östlichen Ländern Arbeit und ein neues Zuhause in Bayern.

Italienische Gastarbeiter auf dem Bamberger Bahnhof. Immer noch suchen viele Menschen in Bayern eine zweite Heimat.

Wie ernähren sich die Menschen?

Was aßen die Germanen und Römer?

Nachdem unsere Vorfahren sesshaft geworden waren, erweiterte sich ihre Speisekarte um etliche Angebote. Neben Fleisch und Fisch, gesammelten Beeren und Nüssen gab es jetzt auch verschiedene Gemüsesorten und angebautes Getreide wie Gerste oder Hirse, aus dem süßer oder herzhafter Brei gekocht wurde.

Als die Römer sich in Bayern niederließen, sorgten sie für das ein oder andere neue Essen auf dem Tisch. So führten sie beispielsweise die Obstsorten wie Pflaume und Süßkirsche ein. Die Zucht von Rindern und Pferden konnte verbessert werden. Die römischen Rinder waren viel größer als die germanischen und lieferten mehr Milch und Fleisch. Tiere wie das Haushuhn, Kaninchen oder Pfauen brachten die Römer ebenfalls mit über die Alpen, doch die beiden Letzteren blieben in der neuen Heimat eher seltene Spezialitäten. Unter der römischen Verwaltung gab es viele Veränderungen im Ackerbau und dadurch mehr Ertrag: Die Felder wurden gedüngt und mehrmals im Jahr umgepflügt. Der Fruchtanbau wurde gewechselt und jedes Feld auch einmal brach liegen gelassen, damit sich der Boden erholen konnte. All diese Methoden sind heute noch in der Landwirtschaft üblich.

Ausflugstipp zu den fleißigen Bäckern

KULMBACH: BÄCKEREIMUSEUM

Im Bäckereimuseum in Kulmbach lernen die Kinder auf unterhaltsame Weise die Geschichte des Handwerks der Bäcker kennen. Wann aßen die Menschen welche Backwaren, und welche Backformen nutzten sie? Außerdem wird erzählt und gezeigt, wie und woraus Mehl gemacht wird. Die Kinder dürfen anschließend mit ihren eigenen Händen Getreide mahlen und nach alter Kunst Brot backen.

Das Brotbackhaus im Bäckereimuseum.

BÄCKEREI- UND BRAUEREIMUSEUM KULMBACH
KULMBACHER MÖNCHSHOF
HOFER STRASSE 20
95326 KULMBACH

Wer führte Wein und Bier ein?

Die erste Erwähnung von bayerischem Wein stammt aus der Zeit der Bajuwaren. Bereits im 8. Jahrhundert wurden die Orte Winzer, Kruckenberg und Bach an der Donau als Weinbaugebiete bekannt. Mit der Zeit übernahmen die Klöster den Weinbau. Regensburg wurde zum Zentrum des »Baierweins«, der damals als Volksgetränk galt. Doch ab dem 17. Jahrhundert verdrängte das Bier den Baierwein. Heutzutage wird dieser Wein nur noch in kleinen Mengen hergestellt.

Der Frankenwein hielt jedoch dem Bier stand. Auch in Franken waren die Klöster die ersten, die ab dem 8. Jahrhundert den Wein anbauten. Franken wurde zum größten Weinanbaugebiet des Heiligen Römischen Reiches. Heute ist das fränkische Weinanbaugebiet das sechstgrößte Weinanbaugebiet in Deutschland.

Das Bierbrauen übernahmen im Mittelalter auch die Klöster. Seit dieser Zeit ist die Hallertau das größte Hopfenanbaugebiet Deutschlands. Allerdings waren es keine Bajuwaren, sondern Mitglieder eines slawischen Volksstammes, die wohl den ersten Hopfengarten dort anlegten. Die meisten Brauereien gibt es übrigens in Oberfranken.

Ein Biermesser prüft, ob Malz- und Biermenge stimmen und das Bier in Ordnung ist.

Die Römer holten sich den Wein aus dem Süden.

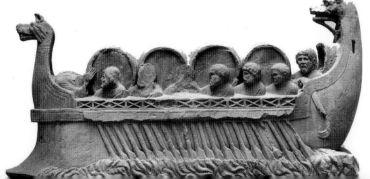

Lecker Milch

Interview mit der Bayerischen Milchprinzessin
Carola Reiner aus Oberdachstetten in Mittelfranken

*Milch spielt seit jeher eine
große Rolle in unserer Er-
nährung – nicht nur als Ge-
tränk. Bayern ist ein wichtiges
»Milchland« und hat sogar
eine Milchprinzessin!*

**Warum gibt es in Bayern
eine Milchprinzessin?**
In Bayern ist die Milchwirtschaft schon lange ein wichtiger Wirtschaftszweig, der
unsere Speisekarten und unsere Landschaft mit geprägt
hat. Aus diesem Grund hat
die Landesvereinigung der
Bayerischen Milchwirtschaft
vor 30 Jahren das Amt der
Bayerischen Milchkönigin
und der Milchprinzessin ins
Leben gerufen. Sie sind Bot-
schafterinnen für Milch und
Milchprodukte, aber auch für
Landwirte, Molkereien und
Käsereien.

**Was für Aufgaben hat eine
Milchprinzessin?**
Zu meinen wichtigsten Aufgaben als Milchprinzessin
gehört es, auf verschiedenen
Veranstaltungen für die
bayerische Milch und die
Milchprodukte zu sprechen.
Dies fällt mir besonders
leicht, denn ich stehe voll
hinter den Produkten und
weiß, wie viel Arbeit in ihnen
steckt. Ich möchte den Leu-
ten nicht nur vermitteln, wie
gut unsere Produkte sind,
sondern auch, wie vielseitig
und gesund Milch ist.

**Wieso haben Sie sich zur
Bayerischen Milchprinzessin
krönen lassen?**
Milch ist eines der vielseitigs-
ten Produkte überhaupt. Aus
Milch werden leckere und vor
allem gesunde Lebensmittel
hergestellt, wie beispielsweise Joghurt, Butter und Käse.
Ich schätze diese Produkte
sehr und engagiere mich deshalb auch sehr gerne dafür.

Welche Speisen sind aus dem Mittelalter?

Fleisch wurde nach und nach zu einer »besonderen« Speise. Die Menschen durften nicht mehr einfach so jagen gehen, das war nur noch den hohen Herrschaften vorbehalten. Und nicht jeder konnte sich ein teures Rind oder ein Schwein halten. Doch auch ohne Braten oder Haxe wussten und wissen die Menschen in Bayern ihre Mägen zu füllen: mit herzhaften und süßen Mehlspeisen und hier und da einer Wurst – Wollwurst, Weißwurst, Bratwurst oder eine Weiße vom Ring. Im Mittelalter wurden inzwischen weltweit berühmte fränkische Speisen erfunden: die Nürnberger Bratwurst, deren Rezept und Name im Jahr 1313 vom Nürnberger Rat festgelegt wurde, und Ende des 15. Jahrhunderts der »Nürnberger Lebkuchen«.

Lebkuchen am Fließband in einer Nürnberger Fabrik im Jahr 1964.

Wann kam die Kartoffel ins Land?

In Oberfranken, genauer gesagt in Pilgramsreuth, wurden bereits 1647 die ersten Kartoffeln angebaut! Im Jahr 1774 befahl König Friedrich I. den Kartoffelanbau in Preußen, da sich diese Erdfrucht als sehr nahrhaft für Mensch und Tier und als einfach anzubauen erwies. Den Tipp dazu hatte er aus Bayreuth von seiner Schwester, der Markgräfin Wilhelmine, erhalten. Da die Kartoffel nicht auf der Liste der Anbaufrüchte stand, von denen die Bauern seit dem Mittelalter ihren Herren etwas (den sogenannten Zehnt) abgeben mussten, verbreitete sich ihr Anbau in den nächsten Jahrzehnten schnell.

Die ersten oberfränkischen Kartoffelsorten waren allerdings noch sehr anfällig für Krankheiten. Als zwischen 1846 und 1849 eine Kartoffelfäule fast die ganze deutsche Ernte vernichtete, züchteten die Bauern danach mit einer widerstandsfähigeren südamerikanischen Kartoffel neue Sorten. Die alten Sorten gibt es leider nur noch selten, denn der Anbau ist für heutige Verhältnisse aufwendig und die Haltbarkeit der Kartoffeln meist nicht so hoch.

Die Schwarzblaue Frankenwälder

Tolle Knolle!

Oberfranken ist das älteste Kartoffelanbaugebiet in Deutschland. Einige der ganz alten oberfränkischen Sorten gibt es noch, darunter das »Bamberger Hörnla« und die »Schwarzblaue Frankenwäldler«.

In vielen Augen ein »typisch bayerisches Gericht«. Während des Zweiten Weltkriegs wurden die Deutschen in Großbritannien und den USA »Krauts« genannt.

Was hat eine »Brotzeit« mit dem Biergarten zu tun?

Die Brotzeit ist eine ursprünglich bayerische Angelegenheit. Und wo kann man eine Brotzeit am besten genießen? Im Biergarten natürlich! Die ersten Biergärten gab es im Münchner Gebiet. Wegen der Brandgefahr durch die heißen Siedekessel war das Bierbrauen im Sommer verboten. Die reichen Bierbrauer verwahrten ihr Bier in kühlen Kellern entlang der Isar und schenkten dort auch aus. Die kleineren Bierbrauer in der Stadt hatten dabei das Nachsehen. Deshalb baten sie um eine ganzjährige Ausschankerlaubnis, die ihnen König Maximilian I. 1812 erteilte. An Speisen durften sie aber nur Brot servieren. Die Gäste konnten deshalb zu dem Brot ihr eigenes Essen in den Biergarten mitbringen. Manche Biergärten pflegen diesen Brauch heute noch.

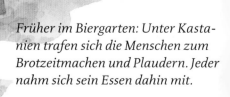

Früher im Biergarten: Unter Kastanien trafen sich die Menschen zum Brotzeitmachen und Plaudern. Jeder nahm sich sein Essen dahin mit.

Wer erfand die Weißwurst?

Zwischen den Hauptmahlzeiten gibt es in Bayern immer auch ein »Schmankerl«: eine »Brezn«, ein Paar Weißwürste, einen Leberkäs oder andere Kleinigkeiten. Die Weißwurst wurde angeblich 1857 in München erfunden. Ein Metzger hatte nicht mehr genug Schafsdärme zum Herstellen von Kalbsbratwürsten und nahm stattdessen Schweinedarm. Da er Angst hatte, die Würste würden beim Braten platzen, brühte er sie. Doch ob der Moser Sepp wirklich der Erste war, der die »Münchner Weißwurst« servierte, ist nicht bewiesen. Jedenfalls ist sie seitdem ein bayerisches Nationalgericht und wird vor 12 Uhr mittags zusammen mit einer Brezel und süßem Senf verspeist. Beim Essen einer Weißwurst musst du allerdings einige Regeln einhalten: Diese Wurst wird nicht mit Messer und Gabel zerschnitten, sondern nach althergebrachter Art »gezuzelt«: Du beißt vorsichtig das Ende der Wurst ab und tauchst die Wurst in den süßen Senf. Dann führst du die Wurst wieder zum Mund und saugst vorsichtig das Fleisch aus der Haut. Es gibt in Neumarkt in der Oberpfalz sogar eine Weißwurstakademie, in der man ein Weißwurstdiplom ablegen kann!

Diese Tafel steht vor dem früheren Wirtshaus »Zum ewigen Licht«, in dem die Weißwurst geboren wurde.

Wie wohnt man in Bayern?

Wo gibt es noch Wohnhöhlen?

In der Hasenlochhöhle bei Pottenstein such-ten schon Neandertal-er ein Dach über dem Kopf.

Eine Wohnhöhle war vermutlich mit einer Feuerstelle, Fellen und Vorratskörben ausgestattet und wurde sicherlich von mehreren Familien bewohnt. Besonders in der kalten Jahreszeit war es darin ungemütlich: rauchig, kalt und zugig. Doch eine Höhle war nicht die übliche Wohnung der Steinzeitmenschen! Vielmehr lebten diese Menschen, die noch nicht sesshaft waren, in größeren Gemeinschaftszelten. Sie bauten sich diese aus dünnen Baumstämmen oder Mammutstoßzähnen und Fellen. In einem Zelt hatten mehrere Familien ihren Schlafplatz und eine gemeinsame Feuerstelle.

Du kannst dir in manchen Gegenden in Bayern noch einen Eindruck davon ver-schaffen, wie es wohl ge-wesen sein musste, in der Steinzeit in einer Höhle zu wohnen. Die Hasenlochhöhle bei Pottenstein in der Fränki-schen Schweiz und die Klau-senhöhlen im Altmühltal waren nachweislich Wohn-höhlen und den Funden nach das Zuhause von Neandertalern und dann später der ersten modernen Menschen.

Wann bauten die Menschen erste Häuser?

Die Menschen ließen sich nieder, betrieben Ackerbau und errichteten feste Wohnbauten. Die ersten Spuren von Häusern, wie du sie kennst, sind etwa 4 300 Jahre alt. Es waren vermutlich so genannte Pfahlbauten aus Holz, die am Ufer eines Sees oder in einem Moor errichtet wurden. Sie standen auf Pfählen, um ihre Bewohner vor Hochwasser zu schützten. Die Wände waren aus Holz oder einem Lehmputzgeflecht, und das Dach wurde mit Gras, Rinde oder Schilf gedeckt.

In jedem Haus wohnte meist nur eine Familie. Zur Hauseinrichtung gehörten mittlerweile auch Kochgeschirr, große Vorratsgefäße und vielleicht das ein oder andere Ablagebrett. Geschlafen und gegessen wurde auf Fellen und Grasmatten. Neben den Wohnhäusern gab es wohl auch Bauten, die als Stall oder Vorratsspeicher dienten. Ein Dorf bestand aus etwa 20 bis 30 Häusern.

Reste der Pfahlbauten auf der Roseninsel im Starnberger See.

Wann entstanden die ersten Gebäude aus Stein?

Die Kelten und Germanen bauten auch aus Holz, jedenfalls die einfachen Menschen unter ihnen. Zu einem Dorf gehörten wie bei ihren Vorfahren Wohnhäuser, Stallungen und Vorratsspeicher. Weidenzäune schützten die Gärten vor ungebetenen vierbeinigen Gästen.
Im Innern der Häuser gab es nicht viel zu sehen: eine Kochstelle und einen Schlafplatz. Auch gearbeitet wurde im Haus. Die Mutter webte und der Vater baute Werk-

Das stark befestigte Osttor der keltischen Siedlung Manching

zeug. Nur Werkstätten wie die germanische Schmiede oder die keltische Bronzegießerei waren in einem eigenen Gebäude untergebracht. Reiche Keltenfamilien errichteten sich burgähnliche Anlagen, wo sie mit ihren Dienern, Soldaten und Verwandten lebten. Diese Anlagen waren durch Erdwälle und Steinmauern geschützt. Die Wohnbauten darin bestanden aus Holz. In ihnen hättest du sicherlich schon Möbelstücke wie Sofas oder Liegen entdeckt.

Die Römer brachten die Kenntnisse, wie man Häuser aus Stein baut, nach Bayern mit. In Rom standen nicht nur prächtige Villen aus Stein, sondern viele mehrstöckige Wohnhäuser säumten die Straßen.

Zunächst errichteten die Römer in den Provinzen ihre Kastelle mit den Unterkünften für die Feldherren und Soldaten. Vor den Toren ließen sich mit der Zeit Händler nieder, und nach Abzug der römischen Soldaten entstanden aus vielen Kastellen Städte. Typische römische Bauten wie Wasserleitungen (Aquädukte), Badeanstalten (Thermen), Theater, Tempel und Verwaltungsgebäude kamen hinzu.

Die römischen Wohnungen waren in mehrere Zimmer eingeteilt. In den Villen und Gutshöfen gab es auch eine große Küche. Reiche Römer beheizten ihre Häuser sogar mit einem ausgeklügelten Heizsystem und statteten sie mit reichlich Möbeln aus: Truhen, Stühle, Liegen, Betten und Tische. Beleuchtet wurde mit Kerzen und Öllampen.

Fußbodenheizung in dem römischen Bad in Kempten: Von einem Brennofen aus zog heiße Luft durch die Reihen kleiner Ziegeltürmchen, die den Fußboden trugen.

Was für Häuser bauten die Bajuwaren?

Aus den Schriften der Bajuwaren wissen wir, dass sie in Häusern lebten, die ähnlich wie unsere Fachwerkhäuser aus Holzbalken und Lehmflechtwänden erbaut waren. Ein Haus konnte bis zu 15 Meter lang sein. Das Dach war mit Schilf oder Stroh gedeckt und hatte ein Loch, durch das der Rauch abzog. Kleine Fenster ließen nur wenig Licht in den Wohnraum. Der Fußboden war aus gestampftem Lehm. Eingezäunt war das Gehöft mit einem Zaun aus Holzlatten und dünnen Stämmen oder Flechtwerk. Bis zu 20 Gehöfte bildeten eine Siedlung.

Trubel auf dem Bajuwarengehöft: Wirf einen Blick Wohnhaus. Daneben siehst du einen Vorratsspeich

Mithilfe von einfachen Flechtwänden wurden einzelne Zimmer abgetrennt. Die Innenausstattung eines Bajuwarenhauses bestand aus Tischen, Stühlen und Bänken sowie Truhen und Regalen und hing, was ihre Kostbarkeit betraf, vom Reichtum des Besitzers ab. Das Bett war meist ein Strohlager. Gekocht wurde auf einer offenen Feuerstelle. Vorräte wie Getreide lagerten im erhöht gebauten Speicherhaus. Nahrungsmittel, die kühl gelagert oder im Winter vor Frost geschützt werden mussten, kamen ins Grubenhaus. Das war eine Art »Kühlschrank«: eine etwa 80 Zentimeter tiefe Erdgrube mit einem Dach! Für Wasser sorgte ein Fluss oder ein Brunnen.

Wieso war es auf einer Burg nicht gemütlich?

Die ersten Burgen wurden aus Holz errichtet, doch ab dem 8. Jahrhundert bauten sich die Adligen ihre Burgen größtenteils aus Stein. So waren diese besser zu verteidigen: Steinmauern fingen nicht so schnell Feuer, und große Steinkugeln richteten weniger Schaden an. Mit der Zeit wurden die Schutzmauern immer dicker und mit Schießscharten und Wehrgängen sowie Toranlagen mit Tortürmen,

Dicke Mauern schützten die Bewohner der Burg in Burghausen vor Angreifern.

Zugbrücken und Fallgittern versehen,
Die Werkstätten und Stallungen wurden weiterhin aus Holz errichtet. Nur der Bergfried, der hohe Wohnturm der Burg, war ebenfalls aus Stein. In ihm lebte anfangs der Burgherr mit seiner Familie und seinem Gefolge. In späteren Zeiten diente er nur noch als Zufluchtsort und Verlies, und es gab einen extra Wohnbau, den Palas.

Der Rittersaal

Hans Sachs

Der Nürnberger Schuhmacher und Meistersinger Hans Sachs (1494 – 1576) wurde mit seinen Gedichten, Schwänken und Fastnachtsspielen weltberühmt. Er war ein großer Anhänger Martin Luthers.

Auf einer Burg war es immer zugig. Der Rittersaal wurde mit einem Kaminfeuer beheizt, aber da er meist sehr groß war, wärmte das Feuer nicht besonders. Die Fenster wurden im Winter mit Tüchern zugehängt, Fensterglas konnte sich nicht jeder Burgherr leisten. Der Rittersaal diente als Speisezimmer, Aufenthalts-, Besprechungs- und Gerichtsort sowie als Schlafsaal: Abends räumten die Mägde und Knechte die Tische und Bänke beiseite und legten Strohmatratzen auf den Boden.

Gemütlich warm war es höchstens in den Kemenaten, den Wohn- und Schlafgemächern der Burgfamilie. Dort hatte das Kaminfeuer schneller Erfolg. Hier hingen Teppiche an den Wänden, und der Boden war mit Stroh bedeckt. Wer es sich leisten konnte, besaß sogar ein Bett. Als »Lattenrost« dienten damals einfach dicht gespannte Seile, auf die Strohmatratzen gelegt wurden.

Unglaublich lang!

Die längste Burganlage der Welt befindet sich in Burghausen im Landkreis Altötting. 1 051 Meter zieht sie sich über mehrere Hügel. Die Hauptburg wurde von der Herzogsfamilie und ihrem Gefolge bewohnt. In den fünf Vorhöfen befanden sich Wirtschaftgebäude wie ein Brauhaus oder die Forstmeisterei, Stallungen, Werkstätten und Wohnbauten für das weitere Gefolge des Herzogs.

Wie sah es in einer mittelalterlichen Stadt aus?

Dicht gedrängt stehen die kleinen und dunklen Hand-
werkerhäuser in Nürnberg im Schutz der Stadtmauer.

Aufgrund von Missernten, harten Arbeitsbedingungen und der lebenslangen Abhängigkeit von den Großgrundbesitzern flüchteten immer mehr Menschen in die Stadt. Denn wenn man in eine Stadt kam und dort Arbeit fand, konnte jeder Mann ein »freier« Mann werden. Die Handwerker hatten sich dort in Gemeinschaften (Zünfte oder Gilden genannt) zu-sammengeschlossen. Es gab sogar Straßen oder Viertel, die nur von einer Sorte Handwerker bewohnt wurden. Deshalb heißen heute noch kleine Straßen »Bäckergasse« oder »Schmiedgasse«. Diese Gassen lagen weiter weg vom Marktplatz, und kleine Häuser mit nur wenigen Zimmern drängten sich hier dicht an dicht. Meist um den Marktplatz herum standen die prächtigen

Bürgerhäuser. Denn in einer mittelalterlichen Stadt hatten die reichen Bürger – Handwerker und Kaufmannsfamilien – das Geld und damit das Sagen. Die Bürger organisierten sich selbst. So bezahlten sie aus eigener Tasche den Bau und die Instandhaltung des Stadttores und einer Schutzmauer um ihre Stadt. Bei deren Bewachung wechselten sie sich ab.

Mehrere Brunnen versorgten die Menschen mit Wasser. Das waren auch Orte, um Neuigkeiten zu erfahren! Sicherlich hast du schon oft erzählt bekommen, dass es im Mittelalter überall sehr schmutzig war. Dabei gab es in den Städten sogar schon eine

Müllabfuhr! Allerdings waren nicht alle Straßen gepflastert, und vor allem bei Regen verwandelte sich dann der Boden in einen stinkigen Schlamm.

Die erste Sozialsiedlung der Welt!

Jakob Fugger kümmerte sich auch um die Armen in seiner Stadt Augsburg. 1516 gab er den Bau einer Sozialsiedlung in Auftrag. Die Wohnungen sollten frommen Handwerkern und Bürgern, die in Not geraten waren, für eine Zeit ein Dach über dem Kopf geben. Die Sozialsiedlung, die seit ihrer Gründung mehrfach zerstört und wiederaufgebaut wurde, ist heute noch bewohnt!

Jakob Fugger

Jakob Fugger, der Reiche, (1459 –1525) war ein so reicher Kaufmann, dass sich sogar Könige und Kaiser Maximilian I. von ihm Geld liehen. Und Papst Julius II. finanzierte er seine Schweizergarde! Das Bildnis hat Albrecht Dürer gemalt, der zu den reichen Bürgern Nürnbergs gehörte.

Hier schaust du beim Ehepaar Dürer vorbei: Blick in die Küche seines Hauses in Nürnberg.

Welche Häuser stehen auf dem Land?

Früher lebten die meisten Menschen auf dem Land und in Bayern ist es heute noch so. Allerdings haben die Menschen in früheren Zeiten auch ihr Geld auf dem Land, verdient: Heute fahren viele Dorbewohner zur Arbeit in die Stadt, selbst wenn diese weiter entfernt ist.

Vom Mittelalter bis in die Neuzeit hinein waren die Bauern nicht Herr über ihren eigenen Hof, sondern abhängig von einem oder mehreren adeligen Herren und mussten für sie – neben ihrer eigenen Arbeit auf dem Feld und im Stall – Dienste leisten. So konnte es sein, dass sie die Ernte ihres Herrn einzubringen hatten, während die ihre warten musste. Keiner durfte ohne Genehmigung seines Herren heiraten geschweige denn woanders hinziehen! So eine Abhängigkeit zwischen Bauern und Großgrundbesitzern nannte man »Leibeigenschaft«. In einem bayerischen Bauernhof wohnten Menschen und Tiere oft unter einem Dach. Die Zimmer waren klein und karg eingerichtet. Oft gab es in der Küche sogar noch eine offene Feuerstelle. Wenn der Bauer mit seiner Arbeit nicht genug Geld verdiente, musste auch noch eine Töpferwerkstatt oder Ähnliches im Haus Platz finden.

Dieser Einfirsthof (Wohnhaus und Stall unter einem Dach) im Freilichtmuseum Wasmeier stammt von 1513 und ist 23 Meter lang.

Blick in das Weihnachtszimmer mit altem Spielzeug

Mit dem Aufkommen von Landwirtschaftsmaschinen schafften es auch kleinere Bauern, mehr Geld zu verdienen. Andere boten jetzt Urlaubern Zimmer an. Denn für die Menschen aus der Stadt war »Urlaub auf dem Bauernhof« etwas Besonderes! Selbst die ganz entlegenen Almhütten, von denen im Sommer aus seit der Antike die Kühe gehütet werden, sind inzwischen beliebte Ziele von Touristen.

Ausflugstipp
Zu den Menschen auf dem Lande!

FREILICHTMUSEUM GLENTLEITEN

Im Freilichtmuseum Glentleiten kannst du dir anschauen, wie die Menschen in Bayern auf dem Land lebten und arbeiteten. Mehrere Gebäude aus den verschiedensten Gegenden in Südbayern wurden abgebaut, hier wieder aufgebaut und so eingerichtet, wie es damals war: Bauernhöfe, Almhütten, Werkstätten und Mühlen. Alte Hoftierrassen, und Maschinen gibt es ebenfalls zu bestaunen. Besonders erlebenswert ist auch der dortige Weihnachtsmarkt!

FREILICHTMUSEUM GLENTLEITEN
DES BEZIRKS OBERBAYERN
AN DER GLENTLEITEN 4
82439 GROSSWEIL

Warum gibt es in Bayern so viele Schlösser?

Ab dem 16. Jahrhundert ließen viele Grafen, Herzöge und auch Erzbischöfe ihre Burgen zu Schlössern erweitern und schmückten die Räume mit prachtvollen Wandmalereien und Stuckdecken. Außerdem hatten inzwischen viele ein Schloss, von dem aus sie regierten, und eines oder sogar weitere, wo sie den Sommer verbrachten oder von dem aus sie jagen gingen. Als Bayern 1806 ein «echtes» Königreich wurde, hatte jeder König, der von da an regierte, seine besonderen Lieblingsorte und an diesen Orten musste er sich natürlich auch wie zu Hause fühlen. Regiert wurde in der Münchner Residenz. Die Wittelsbacher Könige nutzten in der Regel Schloss Dachau und Schloss Berchtesgaden als Sommersitze. König Ludwig I. jedoch liebte vor allem Schloss Johannisburg in Aschaffenburg wegen des milden Klimas. Außerdem gab es Schlösser, in denen der Kronprinz lebte, die als Altersitz dienten oder als ein Geschenk erbaut wurden. So schenkte Kurfürst Ferdinand Maria seiner Frau Adelheid das Nymphenburger Schloss zur Geburt ihres Sohnes Max Emanuel.

Der berühmteste bayerische Schlosserbauer war der Märchenkönig Ludwig II. Er ließ drei Schlösser errichten: Schloss Linderhof, Schloss Herrenchiemsee und Schloss Neuschwanstein. Die beiden letztgenannten wurden zu seinen Lebzeiten nicht fertig. Aber am liebsten wohnte er sowieso in Schloss Linderhof, dem kleinsten von den dreien.

1792 durfte das Volk das erste Mal im Park des Schlosses Nymphenburg spazieren gehen.

Bette dich wie ein König und eine Königin!

Nähe dir ein Kissen, wie es die königlichen Herrschaften besaßen, um ihr Haupt darauf ausruhen zu lassen!

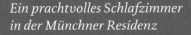

Mitmachkasten!

DU BRAUCHST:

55 Zentimeter Brokatstoff (1,40 Meter breit), 1 Reißverschluss, 35 Zentimter lang, farbig passend, 1 Nähmaschine und Hilfe, 1 Schere, Kreide, 1 Maßband, Stecknadeln

SO GEHT ES:

1. Lege den Stoff auf die linke Seite und zeichne folgende Vierecke aus: einmal 53x53 Zentimeter als Kissenvorderseite und für die Kissenrückseite zweimal 53 Zentimeter hoch und 26,5 Zentimeter breit plus je einer Zugabe von 1,5 Zentimeter für den Reißverschluss.

2. Festnähen des Reißverschlusses: Beide Rückseiten rechts auf rechts legen. Die Naht steppen und dabei mittig für den Reißverschluss 35 Zentimeter Länge offen lassen. Die Nahtzugaben umbügeln, den Reißverschluss unterstecken und rundherum mithilfe des Reißverschlussfußes fest steppen.

3. Kissenvorder- und Kissenrückseite genau links auf links legen und mit Stecknadeln feststecken. Für den Stehsaum das Kissen im Abstand von vier Zentimetern parallel zu den Schnittkanten rundherum zusammensteppen. Die Nahtlinie eventuell mit Kreidestift vorher anzeichnen.

Ein prachtvolles Schlafzimmer in der Münchner Residenz

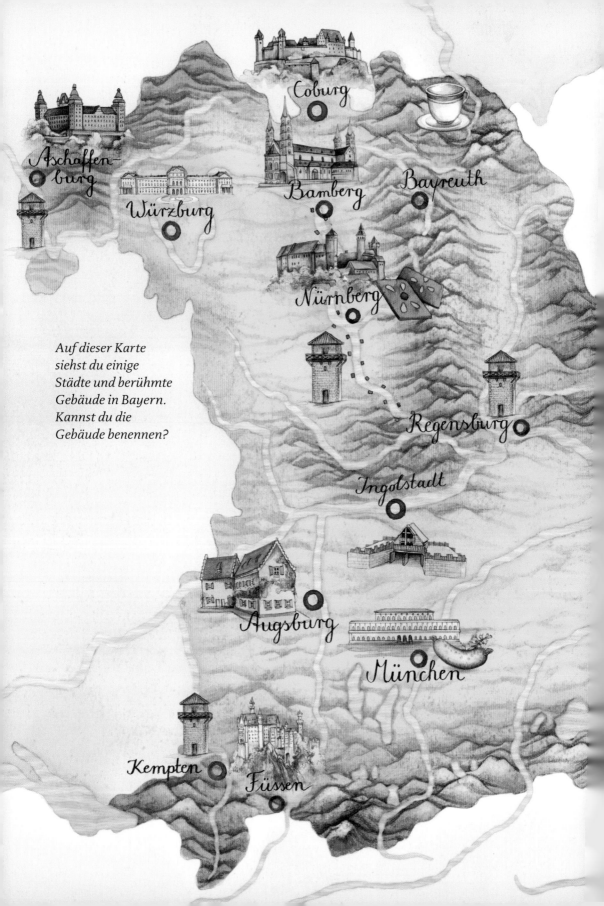

Coburg

Bayreuth

Aschaffen-
burg

Würzburg

Bamberg

Nürnberg

Auf dieser Karte
siehst du einige
Städte und berühmte
Gebäude in Bayern.
Kannst du die
Gebäude benennen?

Regensburg

Ingolstadt

Augsburg

München

Kempten

Füssen

Passau

Weltberühmt und meistbesucht

Schloss Neuschwanstein ist wohl mit eines der verrücktesten Schlösser auf der Welt. Es wurde für den König von einem Theatermaler als »Märchenritterburg« entworfen. 17 Jahre wurde daran gebaut. Als das Schloss 1886 fertig war, bewohnte Ludwig es ganze 172 Tage. Er starb am 12. Juni 1886, und fünf Wochen später durfte die Öffentlichkeit das Schloss schon besichtigen!

Wie wird gelernt und gearbeitet?

Warum kam mit den Römern die Schule ins Land?

Im Römischen Reich ließen schon seit langer Zeit wohlhabende Familien ihre Kinder zu Hause von griechischen Sklaven unterrichten. Nach der Zeit des großen Julius Caesar entstanden in den römischen Städten kleine Schulen. Eine Schulpflicht gab es bei den Römern nicht, zur Schule gingen die Kinder reicher Familien. Kinder von Sklaven wurden nur unterrichtet, wenn ihr Herr es erlaubte.

Ein griechischer Lehrer mit seinen römischen Schülern

Die Texte waren auf Papyrusrollen verfasst, geschrieben wurde auf Wachstafeln. Die Schüler mussten viel auswendig lernen!

Die Römer brachten die Schule mit nach Germanien. Vielen Germanen gefiel die römische Lebensweise, und die Wohlhabenden unter ihnen schickten ihre Kinder in römische Schulen. Dort lernten diese Lesen, Schreiben und Rechnen sowie Geschichte, lateinische Grammatik, Griechisch,

Redekunst, Philosophie und römisches Recht. Wie du siehst, gibt es fast alle Fächer heute noch. Latein und Alt-Griechisch gelten zwar inzwischen als »tote« Sprachen, weil niemand sie mehr im Alltag spricht, aber du kannst sie noch auf einigen Gymnasien in Bayern lernen. Und in der Redekunst übst du dich jedes Mal, wenn du ein Referat hältst!

Meine erste Lateinstunde!

Mitmachkasten!

Wenn du in der Schule erst Latein und dann andere Sprachen wie Englisch, Französisch, Italienisch oder Spanisch lernst, wirst du schnell viele ähnliche Wörter entdecken. Italienisch, Französisch und Spanisch haben sich unter anderem aus dem Latein entwickelt, das die römischen Soldaten sprachen. Auch ein Teil Großbritanniens war einige Zeit von den Römern besetzt gewesen und so kommen auch etliche englische Wörter ursprünglich aus dem Lateinischen.

Lerne deine ersten lateinischen Wörter!

mater – Mutter	pater- Vater
sorella – Schwester	frater - Bruder
amicus – Freund	amica – Freundin
bonus – gut	malus – schlecht
est – es ist	sunt – sie sind
sculoa – Schule	villa – Landhaus
minimus – der kleinste	maximus – der größte
magister – Lehrer	magistra – Lehrerin
salve magister! – Sei gegrüßt, Lehrer!	
Salvete discipuli! – Seid gegrüßt, Schüler!	

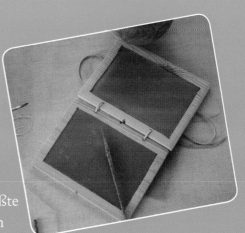

Auf solchen Wachstafeln schrieben die Schüler in Rom.

Römische Zahlen:

I = 1	II = 2	III = 3	IV = 4	V = 5
VI = 6	VII = 7	VIII =8	IX = 9	X = 10

Was lernten die Kinder bei den Mönchen?

Nachdem die Römer aus Germanien abgezogen waren und sich das Christentum durchgesetzt hatte, übernahmen die Klöster die Schulausbildung. Der berühmte mittelalterliche Herrscher Karl der Große legte viel Wert auf Bildung und verlangte, dass möglichst viele Kinder lesen, schreiben und rechnen lernten. Etliche berühmte Schulen wurden im Laufe des Mittelalters in Bayern gegründet, so zum Beispiel die Schule des irischen Geistlichen Virgil von Salzburg auf der Chiemsee-Insel oder die Domschule Freising, von der später viele Schüler an die Hofakademie Karls des Großen in Aachen wechselten. Die Domschule in Bamberg stieg bald zur ersten Diplomatenschule des Heiligen Römischen Reiches auf, und in Regensburg entstand eine Domschule, die heute noch ein Musikgymnasium für Jungen ist. Die Klosterschulen durften damals natürlich nur Jungen besuchen. Die Mädchen wurden zu Hause unterrichtet und auf ihre spätere Aufgabe als Ehefrau und Mutter vorbereitet.

Am Ende des Mittelalters gab es neben den Klosterschulen auch kleine Schulen in den Städten, die von Schreib- und Rechenmeistern geleitet wurden. Ihre Schüler kamen aus den Familien der Kaufmanns-

Karl der Große (747/8 – 814) besucht eine Klosterschule.

Der Unterricht im Kloster bestand aus Gebeten, Gesang und dem Bibelstudium, Latein, Redekunst, Geometrie, Rechnen und Astronomie.

leute und Handwerker. Denn wenn man einen solchen Beruf ausübte, musste man schreiben, lesen und rechnen können.

Adam Ries

Adam Ries (1492/93 –1559) oder Riese war ein Rechenmeister aus Bad Staffelstein und ist jedem Schüler durch den Spruch bekannt, mit dem man ein Rechenergebnis ankündigt: »Das macht nach Adam Riese ...«

Je weiser desto besser!

Schon im Jahr 771 wird das erste deutsche Schulgesetz in Bayern beschlossen: Jeder Bischof soll an seinem Sitz einen weisen Lehrer bestellen, der nach Überlieferung der Römer Schule abhalten kann.

Wann gab es Dorfschulen?

In den Schulen auf dem Land wurden die kleinen und großen Schüler gemeinsam unterrichtet. Oft gab es nur einen Lehrer für alle Schüler!

Nach der Erfindung des Buchdrucks durch Johannes Gutenberg gab es immer mehr Bücher und immer mehr Menschen, die lesen wollten. Es war die Zeit Martin Luthers und der Trennung der Kirche in eine katholische und eine protestantische. Viele Klöster lösten sich auf. Vor allem in den protestantischen Gegenden, wie in und um Nürnberg, waren nun die Städte für das Schulwesen verantwortlich. Auf dem Land entstanden Dorfschulen für die Bauernkinder, die sich einen Schulbesuch vorher nicht hatten leisten können. In den katholischen Gegenden gründete der Jesuitenorden viele neue Schulen. Die Jesuiten verzichteten auf Schulgeld, um auch Kindern armer Leute Bildung zu ermöglichen.

1802 wurde in Bayern die staatliche Volksschule, die du heute als Mittelschule kennst, eingeführt. Der Schulbesuch war fortan für alle Jungen und Mädchen neun Jahre lang Pflicht. Ohne den »Entlassschein«, also das Zeugnis am Ende der schulpflichtigen Zeit, durfte man nicht heiraten, kein Haus kaufen und kein Handwerk ausüben. Lehrer und Lehrerinnen waren nun schon längst nicht mehr nur Geistliche. Allerdings dauerte es, bis die Kirche in Bayern bereit war, die Aufsicht über die Schulen aus der Hand zu geben. Heute noch hängt in jedem Klassenzimmer ein Kreuz.

Ausflugstipp
in die alte Schulzeit!

SULZBACH-ROSENBERG: SCHULMUSEUM

Im ältesten Schulmuseum in Bayern, das zudem
mit zu den größten Schulmuseen in Deutschland gehört, kannst du erleben, wie Schule vor
fast 150 Jahren aussah und wie sich ein Klassenzimmer bis in unsere Zeit hin verändert hat.
Welche Fächer hatten die Schüler früher und
wie sahen ihre Schulsachen aus? Im Schul-
garten gibt es eine Biologiestunde!

ERSTES BAYERISCHES SCHULMUSEUM
SULZBACH-ROSENBERG E.V.
SCHLOSSBERG 10A
92237 SULZBACH-ROSENBERG

*Das Schulmuseum in
Sulzbach-Rosenberg*

Altes Deutsch neu gelernt!

Vor hundert Jahren schrieben die Schüler die Buchstaben anders als du heute. Aber wenn du ein wenig übst,
hast du die alte Schrift schnell gelernt. Vielleicht kannst du
sie auch mit deinen Freunden als »Geheimschrift« benutzen!
Versuche diesen Satz zu entziffern:

Mitmachkasten!

Liebe Nina, wir treffen uns heute Nachmittag hinter dem alten
Schulhaus! Deine Sarah.

*Das Alphabet in alter Schrift, der
»Deutschen Kurrentschrift«.*

Wie ist es auf einer Mädchenschule?

Ab Ende des 18. Jahrhunderts gab es auch für Mädchen die Möglichkeit, eine höhere Schule zu besuchen. Die »höheren Mädchen- oder Töchterschulen« wurden von reichen Kaufleuten, Stiftungen oder katholischen Frauenorden wie den »Englischen Fräulein« gegründet. In diesen Schulen war neben Unterrichtsfächern wie Mathematik, Deutsch, Fremdsprachen und Geschichte das Erlernen von Umgangsformen und Handarbeiten genauso wichtig. Denn einen Beruf brauchten die Mädchen, so die damalige Meinung, eigentlich nicht. Heute gehen

Der alte Chemieraum in der Maria-Ward-Schule Nymphenburg. Aber Chemikerin oder Physikerin zu werden, war vor hundert Jahren für Mädchen sehr schwierig.

Am liebsten nur Mädchen!

Interview mit den Schülerinnen Jana und Angelina aus Bamberg

Die beiden 12-jährigen besuchen eine Mädchenschule: die Maria-Ward-Realschule in Bamberg

Warum wolltet ihr auf eine Mädchenschule gehen?
Als wir uns die verschiedenen Realschulen in Bamberg angeschaut haben, gefiel uns diese am besten.

Müsst ihr an eurer Schule weniger Mathematik machen und mehr Sprachen lernen?
Da gibt es keinen Unterschied. An unserer Schule hätten wir Schülerinnen eigentlich gerne mehr »Mädchenfächer«. Nach der 6. Klasse müssen wir uns für einen Zweig entscheiden: Hauswirtschaft, Sprachen oder Rechnungswesen.

Kunst hätte uns am besten gefallen, aber das wird nicht angeboten. Also nehmen wir jetzt Rechnungswesen!

Ist der Unterricht ohne Jungs besser?
Es ist viel ruhiger. Natürlich schwatzen wir auch, aber es wird nicht herumgeschrien oder sich gar geprügelt.

Meint ihr, ihr versteht euch als Klasse besser, weil ihr nur Mädchen seid?
Vielleicht ein bisschen, weil wir ja alle ähnliche Interessen haben. Jungs machen einfach andere Sachen.

Mädchen und Jungen zusammen zur Schule und es wird kein Unterschied mehr in der Bildung gemacht. Allerdings gibt es immer noch reine Mädchenschulen.

In Bamberg und München sind es die ehemaligen höheren Mädchenschulen der »Englischen Fräulein«: die Maria-Ward-Schulen.

Was waren die ersten Berufe?

Nachdem die Menschen sesshaft wurden, arbeiteten sie als Bauern, Jäger und Fischer. Es entstanden die ersten Handwerksberufe wie Korbflechter oder Töpfer, und sogar Künstler gab es schon. Doch es war nicht so wie heute, dass ein Mensch ein einziges Handwerk lernte und ausübte, sondern jeder machte fast alles: als Bauer arbeiten, fischen gehen und Körbe flechten. Schließlich war das meiste für den Hausgebrauch.

Erst unter den Kelten entwickelte sich das, was wir »Handwerk« nennen: Jetzt fertigte einer nur Schuhe, der andere Waffen und der nächste Goldschmuck. Jeder Handwerker verbesserte sich im Laufe der Zeit oder wurde von einem anderen Handwerker »überholt«. So entwickelten sich die Herstellungsweise jedes einzelnen Handwerks im Laufe der Geschichte weiter. Unter den Römern entstanden Städte, die bekannt wurden für ein besonderes Handwerk oder eine Ware. So bildete sich Augsburg, das unter Kaiser Hadrian bereits sein Stadtrecht erhielt, zu einem Zentrum für die Tuchherstellung heraus. Und das blieb es bis in unsere Zeit hinein: Strumpffabriken, Knopffabriken und Bekleidungsfabriken ließen sich hier nieder.

Taucher haben einen Teil des wohl ältesten noch erhaltenen Bootes der Menschheitsgeschichte freigelegt: ein 3000 Jahre alter und 13 Meter langer Einbaum, mit dem sein urzeitlicher Besitzer auf dem Starnberger See fischen ging.

Wieso gab es im Mittelalter Zünfte?

Im Mittelalter schlossen sich die meisten Handwerker in Verbindungen zusammen, die man »Zünfte« oder »Gilden« nannte, weil sie so die Preise für ihre Ware besser bestimmen konnten. Die Zünfte regelten aber auch die gemeinsame Unterstützung bei Arbeitsunfähigkeit, die Überwachung der Ausbildung, der Arbeitszeiten und natürlich die Anzahl von Handwerkern in einer Stadt. Heute gibt es bei uns Handwerksinnungen, denen die Handwerker einer Stadt oder eines Landkreises beitreten können. Über den Innungen steht die Handwerkskammer, der jeder Handwerker angehören muss.

Der »Holzbildschnitzer« oder in Süddeutschland auch »Hergottsschnitzer« genannt gehörte keiner bestimmten Zunft an, sondern galt als freier »Hofkünstler«. Dennoch verdienten sich etliche Familien in Bayern mit dem Holzschnitzen ihr Brot. Heute wird in diesem Beruf, der wieder mehr Interessenten findet, immer noch ausgebil-

Der kunstvoll geschnitzte Heilig-Blut-Altar von Tilmann Riemenschneider in der St. Jakobs Kirche in Rothenburg ob der Tauber

det. Holzbildschnitzer arbeiten für die Kirche und Privatpersonen. Aus solchen »freien Hofkünsten« von damals entwickelte sich der »freie Künstlerberuf« von heute.

Tilmann Riemenschneider

Der Bildschnitzer und Bildhauer Tilman Riemenschneider (um 1460–1531) ließ sich in Würzburg nieder und war dort u.a. Baumeister und Bürgermeister. Seine Werke stehen in vielen bayerischen Kirchen und Museen.

Handwerk ist cool!

Interview mit dem Korbflechtermeister Thomas Backof aus Schlammersdorf in Oberfranken

Wollten Sie schon immer Korbflechter werden?

Das war mir schon als Kind klar. Das Flechten begeisterte mich, weil es ein reines Handwerk ist. Keine Maschine kann mich ersetzen! Als es unserer Firma vor etwa 15 Jahren nicht so gut ging, bin ich in die IT-Branche gewechselt. Doch das war auf Dauer nichts für mich.

Was lieben Sie an Ihrer Arbeit?

Ich arbeite mit einem Natur - material, und unsere Arbeit ist sehr abwechslungsreich, denn wir stellen viele verschiedene Dinge her: Körbe, Möbel, Wandschirme und Lampen.

Denken Sie sich die Dinge selbst aus?

Wir sind eine richtige Firma und arbeiten nach Aufträgen. Da wir eine Zulassung für die Herstellung von Behältnissen für Lebensmittel besitzen, sind unter unseren Kunden viele Bäckereien und Cafés. Für die denken wir uns ständig Verbesserungen aus. So verdienen wir mit einem der ältesten Handwerke der Menschheitsgeschichte heute noch Geld!

Wo kann man das Korbflechten lernen?

Du kannst bei einem Meister eine Ausbildung machen und besuchst gleichzeitig eine Berufsschule. Oder du gehst auf eine Korbflechterschule. Die einzige Schule, die das in Deutschland anbietet, ist in Lichtenfels in Oberfranken.

Flechte einen gezopften Armreif!

Leider ist das Korbflechten aus dem Werkunterricht verschwunden. Dabei wäre es gar nicht so schwierig für dich, zumindest einfache Gegenstände wie einen Korb, einen Topfuntersetzer oder einen Zaun zu flechten. Hier wird dir gezeigt, wie ein Armreif entsteht.

DU BRAUCHST:

Ein etwa 2 Meter langes Peddigrohrband

SO GEHT ES:

1. Du bildest in der linken oder rechten Hand zwei Schlaufen mit einem Durchmesser von etwa zehn Zentimetern. Halte die Schlaufen mit dem Daumen fest.

2. Mit der anderen Hand ziehst du das restliche Peddigrohrband über die erste Schlaufe herüber und unter der zweiten Schlaufe hindurch. Den Vorgang nennt man »Schlag«.

3. Kreuze beide Schlaufen. Dann ziehst du wieder von der anderen Seite das Peddigrohrband über die erste Schlaufe hinweg und unter der zweiten hindurch.
Verfahre immer so weiter, bis du bei den Schlaufen da angelangt bist, wo du angefangen hast. Während des Flechtens musst du die Schlaufen gelegentlich auf die erwünschte Größe nachziehen.

4. Bist du fertig, lege die Enden übereinander und schneide das restliche Band ab. Es hält so einfach. Mit weniger »Schlägen« wird der Armreif kleiner.

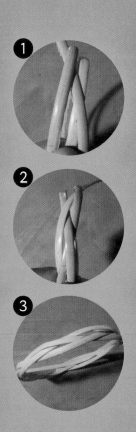

Wie entwickelte sich der Handel?

Auch der durch die Römer in Gang gebrachte Handel mit Waren aus fernen Ländern und der Ausbau von Fernhandelsstraßen über Nürnberg oder Augsburg hinweg, veränderten die Arbeitswelt der Menschen. Der Beruf des Händlers beziehungsweise Kaufmannes spielte eine immer größere Rolle in der Gesellschaft. Im Mittelalter gehörten die Kaufleute mit zu den reichsten Menschen im Land. Sie regierten die Städte und hatten die Herrscher mit ihrem Geld in der Hand.

Die Handelsware wurde auf den Straßen, aber auch auf den vielen großen Flüssen in Bayern transportiert. Bereits zur Römerzeit befuhren Flößer den Lech, im Mittelalter dann die Iller, den Inn, die Donau und den Main.

Vor allem die Stadt Nürnberg blühte durch den Handel: Ihr Umland war berühmt für seinen Honig, und aus Asien kamen Gewürze wie Muskat, Anis oder Koriander. Nürnbergs Bäcker mischten diese Gewürze in ihren Honigkuchen und – der Nürnberger Lebkuchen war geboren!

Doch die Stadt erlaubte lange Zeit, dass jeder Lebkuchen backen durfte, nicht nur die Lebküchner. Als diese 1643 ihre eigene Zunft bildeten, verbot man ihnen anfangs, außerhalb der Stadt ihre Ware zu verkaufen, und auswandern durfte auch keiner!

Hier siehst du Flößer auf dem Regen bei der Arbeit. Diesen Beruf gibt es nicht mehr.

Papier in Massen!

Im Jahr 1390 erbaute der Nürnberger Kaufmann Ulman Stromer die erste Papiermühle nördlich der Alpen. Damit löste das Papier das Pergament auch hier endgültig als neue und vor allem viel günstigere Schreibunterlage ab. Stromer wurde außerdem mit einer »Familiengeschichte« berühmt, die er selbst verfasste und die viel Geschichtliches über Nürnberg enthält.

Das mittelalterliche Nürnberg mit der Papierfabrik (vorne rechts) von Ulman Stromer.

Wo kamen das schöne Porzellan und das kostbare Glas her?

Anfang des 18. Jahrhunderts wurden immer mehr Manufakturen in Bayern gegründet, hauptsächlich für Porzellan, Glas und Seide. Manufakturen waren Betriebe, in denen mehrere Handwerker an einem Produkt arbeiteten. Solche Betriebe waren nicht nur in privater Hand, sondern wurden auch von den Herrschern gefördert. Während eine kurfürstliche Seidenmanufaktur ein Traum blieb, wurde die Porzellan Manufaktur Nymphenburg weltbekannt. Noch heute wird dort Porzellan nur von Hand hergestellt.

Um 1850 entstand in Nordbayern mit den Orten Selb, Weiden und Arzberg ein »Porzellanzentrum«. Grund dafür war die Entdeckung eines großen Vorkommens an »weißer Erde« (Kaolin), die man für die Herstellung von Porzellan benötigt.

Schon vor 500 Jahren gab es im Bayerischen Wald und im Spessart Wanderglashütten. Für das Herstellen vom damals üblichen »Pottascheglas« benötigte man viel Holz, also siedelten sich die Glasmacher vorwiegend in den Wäldern an. Sobald die Holzvorräte zur Neige gingen, wanderten sie weiter. Die Betreiber von Waldglashütten stellten einfache Trinkgläser, Flaschen und Fensterscheiben her. Nach 1800 wurden Glasmanufakturen gegründet, in denen Glasschleifer, Glasgraveure, Glasmaler und Glasbläser die wesentlich wertvolleren Kristallgläser herstellten und es mitunter bis heute tun.

Eine Figur aus der Porzellan Manufaktur Nymphenburg

*In der Glashütte JOSKA Bodenmais im Bayerischen Wald
wurde das weltgrößte Weißbierglas geblasen!*

Ausflugstipp
zu Natur und Technik!

MÜNCHEN: DEUTSCHES MUSEUM

Das größte Museum der Welt zu den
Themen Naturwissenschaften und Technik
wurde im Jahr 1903 von deutschen
Ingenieuren gegründet. Hier findest du
viele Antworten auf Fragen zur ersten
Dampfmaschine, zur heutigen Energie-
gewinnung zum Flugzeugbau oder zur
Sternenkunde. Du kannst in Workshops
sogar selbst Dinge ausprobieren!

DEUTSCHES MUSEUM
MUSEUMSINSEL 1
39538 MÜNCHEN

Wann begann die Zeit der Industrialisierung?

Das 19. Jahrhundert war das Zeitalter der Industrialisierung. Dampfmaschinen erleichterten nun die Arbeit. Fabriken schossen wie Pilze aus dem Boden. Die bayerischen Könige allerdings waren nicht so begeistert von dieser Entwicklung. Doch sie beugten sich dem Fortschritt, und Ludwig I. ließ die erste Eisenbahnlinie in Deutschland bauen: von Nürnberg nach Fürth und zurück. Unter seiner Herrschaft wurde der Eisenbahnbau auf das ganze Land ausgeweitet. Damit sollte vor allem verhindert werden, dass zu viele Menschen vom Land in die Stadt abwanderten. Für die bayerischen Herrscher waren Landwirtschaft und Handwerk genau wie der Tourismus, der Handel und die aufkommende Industrie wichtige Teile der Wirtschaft. Mit dem Fortschritt der Naturwissenschaften kam die Suche nach neuen Energien und nach neuen Herstellungsverfahren. Steinkohle wurde nun statt Holz für die Erzeugung von Eisen und Stahl und zum Antreiben der

Erster Kühlschrank von Carl von Linde aus Augsburg

Rudolf Diesel

Rudolf Diesel (1858–1913) warf am 10. August 1893 in Augsburg seinen ersten Dieselmotor an. Diesel hatte sogar die Idee, dass sein Moto später auch mit Pflanzenöl laufen könnte!

Der BMW 1500 war das erste Modell der »Neuen Klasse« von BMW und erregte 1961 großes Aufsehen.

Dampfmaschinen verwendet. Ihr folgten bald Erdöl und Erdgas. Ab dem Jahr 1961 wurde schließlich die erste Erdöl-Pipeline vom Mittelmeer nach Ingolstadt gebaut, wo sich sofort große Raffinerien niederließen.

Der ursprünglich in Zschopau bei Chemnitz 1909 gegründete Fahrzeugbauer Audi zog ebenfalls nach Ingolstadt, auch die Bayerischen Motorenwerke (BMW) kamen aus Berlin und Chemnitz. Zuerst wurden hier Flugmotoren hergestellt. Fünf Jahre später wanderten die Namensrechte für »BMW« an die Bayerischen Flugzeugwerke und fortan hießen diese so. Neben Flugzeugmotoren wurde bald ein erstes Motorrad entwickelt. Der Autobau erfolgte

ab 1928 nach der Übernahme einer Eisenacher Fahrzeugfabrik. Die erste Automobilfabrik in Bayern gründeten allerdings die Brüder Bessenbarth 1899 in München.

Film ab!

Die Filmindustrie spielt ebenfalls eine Rolle in Bayern: Die 1919 gegründete Bavaria Film ist eines der größten deutschen Filmstudios. Regisseure wie Alfred Hitchcock, Rainer Werner Fassbinder, Wim Wenders oder Michael Bully Herbig arbeiteten dort. Filme wie »Die unendliche Geschichte«, »Asterix und Obelix kämpfen gegen Caesar«, die Serie »Marienhof« und Stunt Shows entstanden in den Studios. In der Bavaria Filmstadt tauchst du live in die Kinowelt ein!

Wie wird gefeiert, musiziert und sich gekleidet?

Warum sind Feste wichtig?

Feste sind ein ganz wichtiger Teil der bayerischen Kultur. Einige Feste in Bayern gibt es schon mehrere hundert Jahre lang, andere sind wesentlich jünger. Allen ist aber gemeinsam, dass die Menschen zusammenkommen und miteinander lustig sind.

In der Adventszeit kannst du dich auf tausenden Christkindlmärkten auf Weihnachten einstimmen. Am berühmtesten ist wohl der Nürnberger Christkindlmarkt. An Ostern werden in Franken die Osterbrunnen geschmückt, und an Pfingsten putzen sich die bayerischen Dörfer für ihre Prozessionen heraus.

Ein wunderschön geschmückter Osterbrunnen in Franken.

Das Nürnberger Christkindl

Das Nürnberger Christkindl wird aller zwei Jahre gewählt. Es muss aus Nürnberg kommen, mindestens 1,60 Meter groß, zwischen 16 und 19 Jahre alt und schwindelfrei sein!

Was passiert an Fasching?

Der bayerische Fasching ist mittlerweile sehr vermischt mit den Gebräuchen des rheinischen Karnevals. Kaum kennt noch jemand die früher üblichen Namen »Unsinniger oder Gumpeter Donnerstag«, »Rußiger Freitag«, »G'schmalzener Samstag«.

Fasching wurde ursprünglich auch nicht in Form eines Faschingsumzuges gefeiert, sondern als Tanzveranstaltung in einem Saal. Zu solchen Festen lud der Bayerische Königshof in München gerne ein: Faschingsoper, Maskenbälle, Bauernhochzeiten. Heute lockt dort am Faschingsdienstag der Tanz der Marktfrauen viele Menschen auf den Viktualienmarkt. Außergewöhnlich unter den heutigen Faschingsbräuchen ist der Chinesenfasching in Dietfurt im Altmühltal, das an diesem Tag von einem Kaiser von China regiert wird. In den Bergen fahren an Fasching Maskierte auf Schlitten oder Skiern die Hänge herunter.

Der Zunfttanz der Schäffler (Fasshersteller) stammt aus München und sollte wohl die Menschen trotz eines Ausbruchs der Pest 1517 aus den Häusern locken.

Ausflugstipp zu den Faschingsnarren!

KITZINGEN: DAS DEUTSCHE FASTNACHTMUSEUM

Im Museum kannst du die verschiedensten Kostüme aus den unterschiedlichsten Zeiten bestaunen. Außerdem erfährst du spannende Dinge über die Fastnacht und den Karneval in Deutschland und anderen europäischen Ländern. Wenn du noch keine Idee für eine Verkleidung hast, findest du sie bestimmt hier. Im Museumsgebäude gibt es nämlich auch einen Kostümverleih.

DEUTSCHES FASTNACHTMUSEUM
LUITPOLDSTRASSE 4
97318 KITZINGEN

Welche besonderen Feste gibt es am 1. Mai und an Pfingsten?

Das Maibaumaufstellen wird in ganz Bayern mit Tanz und Essen gefeiert. Die Maibäume sind mit einem Kranz aus Fichtenzweigen geschmückt oder sogar mit Figuren und

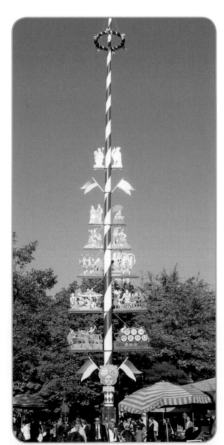

Der Maibaum auf dem Viktualienmarkt in München

Prächtig geschmückte Pferde beim »Pfingsritt von Kötzing«

Fahnen, die die Gewerke und Vereine im Dorf darstellen. Eine ganz besondere Gaudi ist inzwischen der »Maibaumklau«. Jedes Dorf muss seinen Maibaum gut bewachen, denn wird der von einem Nachbardorf gestohlen, fordern die Entführer ein Lösegeld. Pfingstmontag wird in Berchtesgaden schon seit 400 Jahren das Bergfest der Bergknappen gefeiert. Eingeleitet wird das Fest am Pfingstsonntag mit einem Trommler- und Fackelzug. Es erinnert an die alten Zeiten des Salzbergbaus, und wenn du zuschaust, lernst du noch einiges darüber!

Bemerkenswert ist auch der »Pfingstritt von Kötzing« im Bayerischen Wald. Es ist eine der ältesten und größten Pferdeprozessionen in Europa. Eine Erklärung für das Fest besagt, dass ein Pfarrer im Jahr 1412 den Weg nach Steinbühl nicht ohne Schutz gehen wollte und die Kötzinger Burschen ihm schworen, ihn zu begleiten. Seitdem wurde dieser Schwur, so wird erzählt, jedes Jahr wiederholt.

Was passiert beim Almabtrieb?

Ein besonderes Ereignis im Herbst ist der Almabtrieb, wie es in Oberbayern genannt wird, beziehungsweise der Viehscheid, wie es im Allgäu heißt. Er findet zwischen Ende September und Ende Oktober statt. Alle Bauern treiben ihre Rinder gemeinsam von der Alm beziehungsweise Alpe zurück ins Tal. Wer kein Stück Vieh verloren hat, schmückt seine Kühe und das Jungvieh mit Kränzen und Kopfschmuck. Im Tal wird anschließend die glückliche Rückkehr des Viehs kräftig gefeiert.

Kurz vor Wintereinbruch wird das Vieh von den Bergwiesen herunter zum Hof getrieben.

Der Größte der Welt !

Bis zum Oktober 2014 stand in Eicherloh, das zur Gemeinde Finsing im Landkreis Erding gehört, der größte Maibaum der Welt: 57,08 Meter hoch und 12 Tonnen schwer!

Was sind Volksschauspiele?

In Volksschauspielen werden im Rahmen der kirchlichen Feiertage Szenen aus dem Leben Christi oder Geschichten zu allgemeinen christliche Themen öffentlich »vor dem ganzen Volk« aufgeführt. Bei solchen Schauspielen stehen keine Berufsschauspieler auf der Bühne, sondern nur Leute aus dem Ort.

Der »Drachenstich« in Furth im Wald Anfang August ist das älteste Volksschauspiel in Deutschland. Es fand ursprünglich an Fronleichnam vermutlich als Darstellung eines »Kampfes von Gut gegen Böse« statt. Der Hauptdarsteller ist inzwischen jemand ganz Besonderes, nämlich der größte Roboter der Welt: ein 15,5 Meter langer Drache, der laufen, Kopf und Schwanz bewegen, brüllen und natürlich Feuer spucken kann!

In den berühmten Oberammergauer Passionsspielen wird das Leben Jesu Christi nachgespielt. Als im Jahre 1633 die Pest in dem Ort wütete, schworen die Einwohner: Wenn die Pest verschwindet, führen sie regelmäßig Passionsspiele auf. Die Pest verschwand und seit 1634 finden diese Spiele nur mit einigen Unterbrechungen aller zehn Jahre statt. Sie werden sehr aufwendig durchgeführt, und mittlerweile kommen Menschen aus aller Welt nach Oberammergau, um sie sich anzusehen. Das letzte Mal fanden die Spiele von Mai bis Oktober 2010 statt.

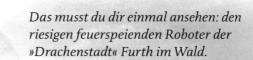

Das musst du dir einmal ansehen: den riesigen feuerspeienden Roboter der »Drachenstadt« Furth im Wald.

Wann sind endlich Kirchweih und die Wies'n?

Mit diesem mehrtägigen Fest, das in Franken auch »Kerwa«, »Kerba«, »Kerb« oder »Kerm« und in der Oberpfalz »Kirwa« genannt wird, feierte man ursprünglich jedes Jahr den Weihetag der örtlichen Kirche oder den Tag eines besonderen Heiligen. Alle Verwandten kamen zu Besuch, und es wurde so viel Kuchen gebacken und Essen zubereitet wie an sonst keinem Tag im Jahr. Heutzutage wird die Kirchweih eigentlich nur noch auf dem Land gefeiert. Eine Ausnahme bildet Franken, wo die Tradition der Kirchweih noch sehr lebendig ist.

Viele Kirchweihfeste ähneln Volksfesten, auf denen du Verkaufsbuden und Schausteller findest. Solch Vergnügungsfeste, bei denen man neben Essen auch Nützliches wie Geschirr einkaufen konnte, gab es schon vor hunderten von Jahren. Sie hießen »Dult« und in manchen Festnamen ist das Wort noch mit drin: die »Maidult« in Passau und die »Pfingstdult« in Amberg.

Neben dem Oktoberfest findet seit 2010 die historischen Wiesn (Oide Wiesn) statt. Da kannst du unter anderem alte Fahrgeschäfte bestaunen.

Das berühmteste bayerische Vergnügungsfest ist wohl das Oktoberfest in München, auch die »Wiesn« genannt. Es fand das erste Mal 1810 anlässlich der Hochzeit von Kronprinz Ludwig mit Prinzessin Therese von Sachsen-Hildburghausen statt. Und zwar auf einer großen Wiese, die dann den Namen »Theresienwiese« erhielt. Ursprünglich war das Oktoberfest wie auch das Gäubodenfest in Straubing ein »Landwirtschaftfest«. Hier wurde die Viehzucht vorgestellt, Lehrlinge oder Gemeindevorsteher erhielten Auszeichnungen, die Wahl des Schützenkönigs und Pferderennen fanden statt. Außerdem gab es ein Karussell für die Kinder, ein Feuerwerk und Bierzelte, in denen die Bierbrauereien aus dem Umkreis ausschenkten. Heute ist das Oktoberfest ein Volksfest, zu dem Menschen aus der ganzen Welt kommen.

Auf der Bergkirchweih in Erlangen, die wie die Sandkerwa in Bamberg heute hunderttausende Menschen anzieht, gab es früher seltsame Sensationen zu bestaunen.

Wie klingt die Musik?

Auch in der Musik lebt in Bayern die Geschichte weiter. Vor allem im Süden Bayerns staunt ein Nichtbayer, wenn er sich die Angebote der Musikschulen anschaut. Neben bekannten Instrumenten wie Gitarre oder Klavier findest du dort außergewöhnliche wie »Hackbrett«, »Ziach« (Zieharmonika) oder »Alphorn«. Sie sind Teil der alpenländischen Volksmusik.

Diese Volksmusik hat sich inzwischen mit moderner Musik vermischt und vordere Plätze in den Charts erobert. Musikgruppen wie die Claudia-Koreck-Band, die LaBrassBanda, VoXXclub, die Dorfrocker, Kellerkommando, Haindling oder Mundwerk füllen mit ihren Songs auf Bayrisch Konzertsäle und haben Fans auf der ganzen Welt.

Das Hackbrett ist ein Saiteninstrument und wird mit kleinen Klöppeln gespielt.

Die Band »LaBrassBanda« (aus Übersee am Chiemsee) spielt »Neue Volksmusik« und ist weit über Bayern hinaus bekannt und beliebt.

Der Alphornrekord!

Interview mit dem Alphornbauer Alois Biermaier aus Bischofswiesen. 1982 kam er ins Guiness Buch der Rekorde, weil er das längste bespielbare Alphorn aus einem Stück Holz gebaut hatte.

Wie kamen Sie zum Alphornbauen?

Ich spiele seit meiner Kindheit Alphorn. Ein eigenes Alphorn musste man bis vor 30 Jahren allerdings noch in der Schweiz kaufen. Da kam mir eine Idee: Als Schreinermeister müsste ich doch auch ein Alphorn bauen können. Es hat geklappt!

Wollten Sie unbedingt ins Guiness Buch der Rekorde kommen?

Das war überhaupt nicht mein Plan. Ich wollte nur sehen, ob aus so einem großen, aus einem Stück gebauten Alphorn überhaupt ein Ton herauskommt.

Sind alle Alphörner aus einem Stück gebaut?

Früher wurde für ein Alphorn ein Baum mit einer Krümmung ausgesucht. Heute werden Halbschalen aus einem Holz ausgesägt, und zwar sechs Stück, denn ein Alphorn wird aus drei Teilen zusammengesetzt. Die Halbschalen werden später mit Bambus umwickelt.

Welches Holz wird für das Instrument verwendet?

Ein Alphorn wird immer aus Fichtenholz gebaut. Natürlich gibt es heute auch Alphörner aus Kunststoff für Musiker, die zum Beispiel viel mit dem Flugzeug reisen.

Können auch Kinder Alphorn blasen?

Es ist nicht einfach, ein Alphorn zu blasen, und es hat sich gezeigt, dass Kinder mindestens zehn Jahre alt sein müssen, um überhaupt einen gescheiten Ton herauszubringen.

*Das Quartett »Bischofswieser Alphornbläser«
mit seinen 5,20 Meter langen Hörnern*

Wie sieht es aus mit klassischer Musik?

Bayern ist auch die Heimat klassischer Musik. Die Stadt Füssen gilt als Wiege des Lautenbaus. Im Jahr 1562 gründeten die hier ansässigen Lautenmacher die erste Zunft ihres Handwerks in Europa. Ab dem 17. Jahrhundert machte sich Füssen einen Namen mit seinen berühmten Geigenbauermeistern, von denen die meisten allerdings in die Welt hinauszogen. Matthias Klotz (1653–1742) begründete in Mittenwald den »Mittenwalder Geigenbau«. Franz Geißenhof (1753–1821) wurde als »Wiener Stradivari« bekannt. In Bayreuth befindet seit 1852 die Klaviermanufaktur Steingraeber & Söhne. Bereits 1846 wurde der spätere Gründer des Unternehmens, Eduard Steingraeber, der Konzertbetreuer des Komponisten und Musikers Franz Liszt. Die Werkstatt der Steingraebers entwickelte sich von nun an zur größten bayerischen Klavierfabrik.

Als der Komponist Richard Wagner während seiner Jahre in Bayern, in denen er unter anderem König Ludwig II. mit seiner Musik erfreute, die Bayreuther Festspiele begründete, wurde die Firma Steingraeber ihr Lieferant.

Im Jahr 1886 wird zum ersten Mal ein Piano ins Ausland verkauft. Steingraeber-Klaviere sind inzwischen mit modernster Technik ausgestattet, beispielsweise mit einem Bluetooth gesteuerten Pedal für Rollstuhlfahrer.

Der Geigenbauer Matthias Klotz in Mittenwald

Carl Orff

Der aus München stammende Komponist Carl Orff (1895–1982) entwickelte neue Ideen für die Musik- und Erziehungsbewegung und wurde vor allem mit seinem Werk »Carmina Burana« weltberühmt.

Ausflugstipp zu den Geigenbauern

FÜSSEN: STÄDTISCHES MUSEUM, ABTEILUNG GEIGEN- UND LAUTENMACHER

Hier begibst du dich auf die Spuren berühmter Lauten- und Geigenbauer und erhältst einen kleinen Einblick in ihre Handwerkskunst. Die Erbauer der Instrumente hatten die Stadt unter anderem wegen ihres günstigen Standortes gewählt: das nötige Holz (Fichte, Ahorn, Eibe) war nicht weit.

MUSEUM DER STADT FÜSSEN
LECHHALDE 3
87629 FÜSSEN

Das städtische Museum in Füssen

Was ist mit Gesang und Tanz?

Eine jodelnde Sennerin

Die Regensburger Domspatzen kannst du dir jeden Sonntag im Dom St. Peter anhören.

Fester Bestandteil der bayerischen Volksmusik ist das Jodeln. Allerdings ist das Jodeln nicht, wie viele denken, allein typisch für die Schweiz, Österreich oder Bayern. Das Jodeln wurde in früherer Zeit in vielen Ländern in der Bergwelt zur Verständigung der Menschen untereinander oder zum Rufen der Tiere eingesetzt. Und was bedeutet »Jodeln«? Beim Jodeln werden nicht Worte, sondern Laute in schneller Abfolge gesungen, zum Beispiel »Ho-la-da-it-ti-jo«. An einer Jodelakademie kannst du dein Jodeldiplom machen.

Weltweit berühmt ist Bayern für seine Knabenchöre wie die Augsburger Domsingknaben (gegründet 1439), der Windsbacher Knabenchor (gegründet 1946) und der Tölzer Knabenchor (gegründet 1956). Auf eine tausendjährige »Gesangsgeschichte« können die Regensburger stolz sein: Der Chor der »Regensburger Domspatzen« wurde im Jahr 925 gegründet und zählt zu den ältesten Knabenchören der Welt. Dem Chor sind eine Grundschule und ein Gymnasium (nur für Jungen!) mit Internat angeschlossen.

Lerne den Schuhplattler-Tanz!

Hier kannst du den »Schuhplattler« lernen. Dieser Tanz ist in Oberbayern, aber auch in Österreich und in Südtirol gebräuchlich. Zu seiner Herkunft gibt es mehrere Geschichten, unter anderem die, dass er dem Balztanz des Auerhuhns abgeschaut wurde!

UND SO GEHT DER SCHUHPLATTLER:

Die Mädchen drehen sich währenddessen die ganze Zeit um sich selbst und um die Jungen. Wichtig dabei: Nicht auf den Boden schauen und immer lächeln! Die Jungen haben den schwierigeren Teil beim Tanzen:

Wie zogen sich Römer und Bajuwaren an?

Als die Römer nach Germanien kamen, wunderten sie sich sehr über die dortigen Modeverhältnisse. Alle zogen Hosen an. Die Männer trugen diese zu einem langen Hemd, die Frauen zusätzlich unter ihren Röcken. Die Römer kleideten sich in Tunika und Toga, und gegen die Kälte schützte eine Art Mantel. An den Füßen trugen sie Ledersandalen.

Die Kleidung der Bajuwaren ähnelte der germanischen. Um ihre Waden wickelten sie außerdem Leinenbinden und trugen Lederschuhe oder Stiefel. In ihren Gräbern fand man etliche Hinweise darauf, dass sie Gürtel trugen, an denen sie Beutel für die verschiedensten Gebrauchsgegenstände hängten sowie Glücksbringer (Amulette).

Die bajuwarischen Frauen liebten bunte Perlenketten.

Bastle dir ein Amulett
wie bei den Bajuwaren!

Die Menschen früher glaubten, dass besondere Steine oder Perlen sie vor Unglück beschützten. Ganz gleichgültig, ob das stimmt oder nicht, entstand so wunderschöner Schmuck. Die Bajuwaren hängten ihre Amulette auch an ihre Gürtel, und das ist eine tolle Idee, die wir hier nachmachen wollen.

DU BRAUCHST FÜR ETWA DREI AMULETTSCHNÜRE
AUS EINEM PERLENLADEN:
- eine etwa 50 Zentimeter lange Lederschnur
- Perlen
- Steine mit Löchern
- Metallschmuck

Was bringt dir deiner Meinung nach Glück? Ein Zahl, eine Farbe oder ein Motiv wie zum Beispiel ein Löwenkopf? Suche dir danach deinen Schmuck aus.

UND SO GEHT ES:
- Schneide die Lederschnur in drei gleich große Stücke.
- Mache an einem Ende der Schnur einen dicken Knoten, der das Abrutschen der anderen Schmuckperlen oder -steine verhindert.
- Fädele deine Schmuckstücke so auf, dass sie bei der ersten Schnur vielleicht farblich passen, bei der zweiten deiner Glückszahl entsprechen, und an der dritten befestigst du vielleicht ein Stück mit einem Lieblingsmotiv. Zum Schluss knotest du eine große Schlaufe, ziehst sie hinten am Gürtel vorbei und die Perlen dann hindurch.

Was hatten die Ritter an?

Im Kampf trugen die Ritter eine Rüstung, zu Hause ganz normale Kleidung. Aus den Hosen wurden im späteren Mittelalter bei den Männern lange Strümpfe, die sie an den Unterhosen befestigten. Darüber trug man ein langes Hemd. Die Schuhe hatten eine längliche, spitze Form. Laufen konnte man in denen sicherlich nicht so bequem. Die adligen Damen blieben bei langen Röcken und Blusen oder Kleidern. Ihre Haare tru-gen sie streng geflochten unter Hauben und Schleiern. Die einfache Frau schützte ihre Kleidung bei der Arbeit mit einer Schürze vor Schmutz. Die Kleidung der vornehmen Damen lockerte sich erst etwas im 18. Jahrhundert unter dem Einfluss der Franzosen. Es gab keine strengen Hauben mehr, und die Kleider waren aus leichteren, fließenden Stoffen.

Der vor Karl dem Großen kniende Herzog Tassilo trägt ein Ketten-hemd, und seine Waden sind nach Bajuwarenart umwickelt (links).

Zwei Damen mit Hauben (rechts) aus einem Bild des Augsburger Künstlers Hans Holbein d. Ältere.

Wieso heißt Mode von früher heute »Tracht«?

Die Mode auf dem Land und in der Stadt hatte vor hunderten von Jahren auch die Aufgabe, die Menschen voneinander zu unterscheiden. Wir nennen solch einen Mode heute »Tracht«. Es gab Trachten für den Alltag und für die Festtage.

Im Laufe des 18. und 19. Jahrhunderts verdrängte Kleidung, wie wir sie heute kennen, die »Trachten« aus den Schränken. Ein Städter und ein Bauer trugen nun Stoffhosen und Hemden oder Anzüge und waren nicht mehr auf den ersten Blick voneinander zu unterscheiden. Lediglich zu besonderen Festen wurden Trachten angezogen.

Heute finden sich Menschen in Trachtenvereinen zusammen, um die historische Kleidung ihrer Heimat zu bewahren.

Die Forchheimer Tracht (links)

Die Miesbacher Tracht (rechts)

Woher kommen Lederhose und Dirndl?

Das Dirndl war ursprünglich das Kleid einer Magd in der Stadt und die Lederhose eine Gebrauchshose. Auch hier gab es einen Unterschied zwischen Alltag und Festtag sowie hinsichtlich der Heimat oder der sozialen Stellung. Im 18. Jahrhundert entdeckten die reichen Städterinnen das Dirndl als Sommerkleid für den Aufenthalt auf dem Land. Heute wird das Dirndl auf der ganzen Welt getragen.

Die Lederhose wurde von Männern in den Bergen angezogen, weil sie besser wärmte als eine Stoffhose. Die typische bayerische Lederhose ist in der Regel aus Hirschleder gefertigt, nur die Taschen sind aus Gams- oder Schafsleder. Alt und Jung in Dirndl oder Lederhose siehst du in Bayern aber nicht nur in Trachtenvereinen, sondern auch so auf jeder Kirchweih oder bei anderen besonderen Festlichkeiten. Viele Modemacher haben inzwischen auch einmal ein »modernes« Dirndl entworfen.

Veronica Ferres und Begleitung in Tracht auf der Wiesn.

Warum stammt die Jeans »fast« aus Bayern?

Die Jeans selbst kommt natürlich nicht aus Bayern, aber ihr Erfinder! Ein gewisser Löb Strauß wurde 1829 in Buttenheim in Oberfranken geboren. Nach dem Tod seines Vaters wanderte die Mutter mit ihm und zwei Schwestern nach Amerika aus. In New York lebten bereits zwei ältere Brüder, die im Textilhandel tätig waren. Löb Strauss änderte seinen Namen in »Levi Strauss« und arbeitete bei ihnen mit. 1853 ging er nach San Francisco und eröffnete ein Großhandelshaus für alles, was die Goldgräber brauchten. Bei den Hosen gab es ein Problem: Deren Nähte waren nicht stabil genug für die vielen Sachen, die die Goldgräber in ihre Taschen stopften. Da kam ein Schneider namens Jacob Davis auf die Idee, die Nähte der Taschen mit Nieten vom Pferdegeschirr zu verstärken. Strauss und Davis taten sich zusammen und erhielten ein Patent für vernietete Arbeitskleidung.

Ausflugstipp zum Ursprung der Jeans!

BUTTENHEIM: DAS LEVI STRAUSS MUSEUM

In den 1980er Jahren erfuhren die Menschen in Buttenheim überraschend, dass der Erfinder der Jeans aus ihrem Ort stammt. Das Geburtshaus stand zum Glück noch und wurde sorgfältig renoviert.

LEVI STRAUSS MUSEUM
MARKTSTRASSE 33
96155 BUTTENHEIM

Wie vielfältig ist der Sport?

Warum treiben Menschen Sport?

Viele unserer Sportarten sind daraus entstanden, dass die Menschen früher für den Krieg und die Jagd trainiert haben. Bereits die Jungen im alten Rom betrieben mehrere »Sportarten«: Reiten, Schwimmen, Speerwerfen und Laufen. Aber die waren natürlich als Vorbereitung für den späteren Militärdienst gedacht und nicht als Hobbys, so wie du das kennst. »Bergsteiger« gibt es, seit Menschen auf einen Berg marschieren, aber keiner der Jäger oder Sammler in früheren Zeiten tat es zum Vergnügen so wie die vielen Bergtouristen heute.

Ballspiele allerdings wurden zum Vergnügen erfunden. Der Ball wurde geworfen, mit der Hand geschlagen, getreten oder mit einem Stock weggeschlagen. Das erinnert an unsere Sportarten Handball, Tennis, Fußball und Baseball! Kegeln und Golf haben die Menschen ebenfalls mindestens seit dem Mittelalter gespielt.

Fechter in mittelalterlicher Kleidung beim Training

Wann wurde »Bergsteigen« eine Sportart?

In dieser Biwak-schachtel kannst du auf dem Watzmann Schutz suchen

Das Bergsteigen als »Sport« gibt es erstaunlicherweise bereits seit dem Mittelalter. Der Dichter Francesco Petrarca bestieg den Mont Ventoux in Frankreich und der Italiener Bonifacio Rotario Asti machte eine Wallfahrt auf den Gipfel des Rocciamelone in den Westalpen. Im Jahr 1800 wurde der Watzmann wohl das erste Mal bestiegen, und die erste dokumentierte Besteigung der Zugspitze fand 1820 statt. Neben dem Ziel, den Gipfel zu erreichen, war aber auch immer eine Erforschung der Bergwelt wichtig.

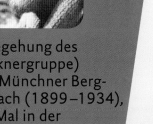

Willo Welzenbach

1924 findet die Erstbegehung des Wiesbachhorns (Glocknergruppe) statt. Mit dabei ist der Münchner Bergsteiger Willo Welzenbach (1899–1934), und es wird das erste Mal in der Geschichte des Bergsteigens ein Eishaken geschlagen.

Ausflugstipp in die Welt des Bergsports

MÜNCHEN: ALPINES MUSEUM

Warum zieht es die Menschen zum Sport in die Berge? Das Museum des Deutschen Alpenvereins zeigt die Gründe, aber auch die Nachteile auf, die entstehen, wenn die Berge mit Wanderwegen, Pisten und Bergbahnen immer weiter erschlossen werden. Gemälde, Fotos und Berichte aus verschiedenen Zeiten zeigen auf, wie faszinierend die Bergwelt seit je her ist.

ALPINES MUSEUM
PRATERINSEL 5
30538 MÜNCHEN

Was macht Spaß bei Schnee und Eis?

Schlitten, Skier, Schneeschuhe und »Eisgleiter« sind alte Fortbewegungsmittel der Menschen im Schnee. Das Schlittschuhlaufen auf zugefrorenen Seen und Flüssen allerdings diente Kindern und auch Erwachsenen zum Vergnügen. Den »Wintersport«, wie wir ihn kennen, gibt es erst seit etwa 120 Jahren. Von Skandinavien aus breitete er sich nach Europa aus. Ski-vereine und Skischulen wurden gegründet und Wettkämpfe veranstaltet. 1936 wurden die Olympischen Winterspiele in Garmisch-Patenkirchen abgehalten und das alpine Skirennen war das erste Mal dabei. Das erste Spiel der Deutschen Eishockey-Liga fand 1995 in Augsburg statt.

Dorfbewohner vergnügen sich im Winter beim Eisstockschießen. Heute kann der Sport das ganze Jahr über auf Asphaltbahnen ausgeübt werden.

»Eistockschießen« beziehungsweise »Stockschießen« war bereits im Mittelalter ein beliebter Volkssport und ist dies vor allem im Alpenraum geblieben. Als die Seen und Flüsse im Winter noch fest zufroren, trafen sich ganze Dörfer zum Stockschieß-Wettkampf.

Der Eisstock besteht aus einem etwa 20 Zentimeter langen Stock, einem Stockkörper und einer »Laufsohle«, die den Eisstock rutschen lässt. Es gilt, seinen Eisstock innerhalb eines Zielfeldes möglichst nah an einen Metallring, die »Daube«, zu schießen.

Heute wird Stockschießen das ganze Jahr über auf Eis- oder Asphaltbahnen

Maria Höfl-Riesch

Die Skirennläuferin Maria Höfl-Riesch (geb. 1984) aus Garmisch-Partenkirchen stand schon mit drei Jahren auf den Brettern und gehört heute zu den erfolgreichsten Frauen im Skisport weltweit.

gespielt. Seit den 1930er Jahren gibt es Deutsche Meisterschaften. 1951 fand die erste Europameisterschaft der Herren in Garmisch-Patenkirchen statt, die der Frauen 14 Jahre später in Mittenwald.

Wer spielt alles mit dem Ball?

Wenn du die Worte »Ball« und »Bayern« hörst, denkst du bestimmt sofort an »Fußball«, doch es gibt noch mehr Sportarten, die mit dem Ball erfolgreich sind. Zu den vier großen Fußballclubs gehören der FC Bayern München, der 1. FC Nürnberg, der FC Augsburg und 1860 München (auch die »Löwen« genannt). Ende der 1960er Jahre gründeten sich in Deutschland viele türkische Fußballclubs. Zu den ältesten Türk-Sport-Vereinen in Bayern gehören der Türkspor Augsburg und der FC Türk Sport Kempten. Im Handball und Basketball sind besonders die Franken erfolgreich. Der TSV Großwallstadt beherrschte lange Zeit die Handball-Bundesliga, und seit 1970 spielen die Brose Baskets, wie der Bamberger Basketballclub heute heißt, in der Basketball-Bundesliga mit.

Franz Beckenbauer

Franz Beckenbauer (geb. 1945 in München), auch »Der Kaiser« genannt, war bis 1983 einer der erfolgreichsten deutschen Profifußballer. Heute ist er u.a. einer der Vizepräsidenten des Deutschen Fußballbundes (DFB).

Wenn die Allianzarena rot leuchtet, spielt der FC Bayern München. Leuchtet sie blau, spielt 1860 München.

Wer macht die Sportkleidung?

Vor etwa 90 Jahren saßen zwei Brüder in der Waschküche ihrer Mutter und hatten einen großen Plan: Sie wollten genau passende Turnschuhe für Sportler herstellen, damit diese noch mehr Leistung bringen könnten. Die Brüder hießen Adolf und Rudolf Dassler, und sie wurden sehr erfolgreich mit ihrer Schuhfabrik. Sie zerstritten sich jedoch, und Rudolf gründete 1948 die Firma Puma. Adolf Dassler stellte nun auch Fußbälle her und später Sportbekleidung und Tennisschläger. Mit seinen Fußballschuhen wurde die deutsche Mannschaft 1954 Weltmeister.

Dirk Nowitzki

Der Würzburger Dirk Nowitzki (geb. 1978) gehört zu den besten Basketballspielern der Welt. Er spielt seit 1998 für die Dallas Mavericks.

Der älteste Golfball!

In Regensburg befindet sich das einzige Golfmuseum n Deutschland. Es wurde 1995 von dem berühmten Golfer Peter Insam gegründet. Du kannst dort den ältesten Golfball der Welt bewundern!

Meister im Fingerhakeln

Interview mit Simon Schnitzer, 9 Jahre, aus Bernbeuren.

Fingerhakeln ist ein alter Volkssport in Bayern. Ursprünglich wurde er betrieben, um Streitigkeiten zu schlichten, doch mittlerweile ist er ein anerkannter Kraftsport. Schon als Schüler kannst du in einen Fingerhakler-Verein eintreten. Allerdings sind nur Jungen zugelassen. Wir haben einen Fingerhakler zu seinem Sport befragt:

Warum hast du dir die Sportart »Fingerhakeln« ausgesucht?

Mein Papa hat mich mit ins Fingerhaklertraining genommen. Er hat früher selbst gehakelt. Das gefiel mir so gut, dass ich selbst mit dem Fingerhakeln angefangen habe.

Wie oft trainierst du in der Woche und wie lange?

In unserem Fingerhaklerverein Gau-Auerberg e.V. ist jede Woche Training, aber etwa acht Wochen vor den Meisterschaften trainieren wir zweimal die Woche je anderthalb Stunden lang.

Welche Fingerhakel-Meisterschaften gibt es denn für deine Altersklasse?

Es gibt die Bayerische Schülermeisterschaft, die Alpenländische Schülermeisterschaft und die Gaumeisterschaft.

Hast du bereit an einer solchen Meisterschaft teilgenommen?

Ich nehme jedes Jahr an allen drei Meisterschaften teil. 2012 war ich bei den Alpenländischen Schülermeisterschaften in der Klasse »6 und 7 Jahre« Sieger.

Werde Fingerhakel-Meister!

Fingerhakeln war ursprünglich eine Möglichkeit, Streit zwischen zwei Männern zu schlichten, und wurde hauptsächlich im Alpenland betrieben. Es gibt feste Regeln, und die Fingerhakler trainieren regelmäßig, indem sie zum Beispiel Gewichte mit ihren Fingern ziehen. Deshalb sieht man das Fingerhakeln auch als Kraftsport an. Außerdem hat jeder Fingerhakler eine bestimmte Technik, wie er am besten zieht. Seit 1953 finden in Bayern unter den verschiedenen Fingerhaklervereinen Meisterschaften statt. Fingerhakeln dürfen übrigens nur Männer!

DU BRAUCHST:

Mehrere Gegner und Auffänger, einen Schiedsrichter, einen Wettkampfvorsitzenden und zwei Beisitzer, einen Tisch, zwei Stühle, ein Klebeband zum Kennzeichnen der Mittellinie des Tisches

SO GEHT ES:

Zwei Gegner nehmen an einem Tisch Platz. Hinter ihnen sitzen zwei Auffänger. Außerdem sind ein Schiedsrichter und ein Wettkampfvorsitzender mit zwei Beisitzern dabei. Die Gegner haken nun ihre Mittelfinger in einen Lederriemen ein, oder aber sie verhaken nur ihre Mittelfinger ineinander.
Nach dem Spruch des Schiedsrichters »Beide Hakler, fertig zieht!« ziehen nun beide Gegner feste an, bis einer den anderen über die Mittellinie zieht und gewinnt.

Fingerhakeln mit Zeigefinger und Riemen

Fingerhakeln nur mit den Zeigefingern

Welche Informationen über Bayern sind noch wichtig?

FLÄCHE: 70 550,19 Quadratkilometer

EINWOHNERZAHL: ca. 12 636 006 (2014)

BEVÖLKERUNGSDICHTE: ca. 179 Einwohner pro Quadratkilometer

LANDESHAUPTSTADT: München

REGIERUNGSBEZIRKE UND HAUPTSTÄDTE:

Unterfranken – Würzburg

Oberfranken – Bayreuth

Mittelfranken – Ansbach

Oberpfalz – Regensburg

Schwaben – Augsburg

Niederbayern – Landshut

Oberbayern – München

Die Bavaria (wie Maria die Beschützerin Bayerns) vor der Ruhmeshalle in München, wo du die Büsten berühmter Menschen aus Bayern bewundern kannst.

Wie spricht man in Bayern?

**In Bayern sprechen die Menschen wie überall in Deutschland
Hochdeutsch, aber viel wichtiger ist hier der Dialekt –
in Franken genauso wie in Schwaben, in der Oberpfalz,
in Oberbayern oder Niederbayern, auf dem Land oder
in der Stadt. Wie du siehst, ist das mit den Dialekten
nicht so einfach.**

OBERFRÄNKISCH

UNTERFRÄNKISCH

nordbairisch

reinfränkisch

MITTELFRANKEN

OBERPFALZ

nord-
mittelbairisch

schwäbisch-
alemannisch

mittelbairisch
NIEDERBAYERN

SCHWABEN

OBERBAYERN

nieder-
alemannisch

mittel-südbairisch

bairisch-alemannisch

Damit du dich in Bayern ein bisschen sprachlich zurechtfindest, wurden Leute aus verschiedenen Gegenden gebeten, ein paar »hochdeutsche« Wörter in ihren Dialekt zu übersetzen.

So sagt man es auf »HOCHDEUTSCH« fast überall	… und so in OBERFRANKEN bei Bamberg	… so in SCHWABEN bei Augsburg
Guten Tag!	Grüß Godd!	Griaß di!|Griaß God
Tschüss!	Ade!	Pfiat di!
Zehn	zehn	Zehn
daheim	daham, daheme	dohoim
Brötchen	Brödla	Semml
Leute	Leud	Leid
Ich bekomme	I griech	I griag
Flasche	Flaschn	Flasch
Junge	Bu	Bua
Mädchen	Madla	Mädele, Mädle
Tasse	Dassn	Tässle, Tass
Ungehobelter Mensch	Raubauz	Raudi, Grandler
Decke	Zudegg	Zudeck
Mein	maa, mee	moi, mei
Zänkische Frau	Bissgurn	Beißzang, Bissgurk
Bonbons	Bombom, Gudsela	Guadsle

Noch eines ist wichtig zu wissen: Bayerisch wird auch manchmal mit »i« (also Baierisch) statt mit y geschrieben. Das »y« hat nämlich erst König Ludwig I. (1786–1868) eingeführt. Doch in diesem Buch sind wir beim »y« geblieben, um dich nicht zu sehr zu verwirren.

... so in OBERBAYERN bei München	... so in NIEDERBAYERN bei Passau	... so in der OBERPFALZ bei Regensburg
Griasgood!	Griasgood!	Grias God!
Pfirdi!, Seawus!	Pfiat de!	Seawus! Pfiade
zehne	Zehne	zehne
dahoam	dahoam	dahoim
Semmel	Sämmen	Semmel
Leid	Laid	Leid
I griang	I griag	i greach
Fläschn	Floschn	Flaschn
Loder	Bua	Boa
Merch	Medl	Moidl
Scheiei	Dass	Haferl, Tass, Dassn
Rauwaschl	Rabauk	Muhagl
Duchat	Deck	Zoadeck
mei	Mei	mei
Bissgurn	Bissgurn	Bießgurn
Guadl	Gurtsl	Bombom, Gurl

Weitere spannende Ausflugstipps

In Bayern gibt es neben den im Buch vorgestellten Ausflugstipps noch mehr Möglichkeiten, Geschichte zu erleben. Hier findest du – geordnet nach den Kapiteln – weitere spannende Vorschläge.

1. Landschaft

Umweltzentrum Schloss Wiesenfelden
Forstmuseum Waldpavillon .... Augsburg
Teufelshöhle bei .... Pottenstein
Naturkundemuseum .... Bamberg
Vogelpark Irgenöd .... Ortenburg
Wolpertinger Museum .... Mittenwald
Jagd- und Fischereimuseum .... München
Oberpfälzer Fischereimuseum

2. Bevölkerung

Archäologisches Museum des Historischen Vereins für Oberfranken .... Bayreuth
Archäologische Staatsammlung .... München
Archäologiemuseum Oberfranken .... Forchheim
Germanisches Nationalmuseum .... Nürnberg
Kelten- und Römermuseum .... Manching
Römisches Museum in Augsburg, Kempten .... Weißenburg und Obernburg am Main
Bajuwarenmuseum .... Waging am See und Kipfenberg
Jüdisches Kulturmuseum .... Augsburg
Jüdisches Museum Franken .... Fürth
Museum der bayerischen Könige .... Hohenschwangau
Gedenkstätte Walhalla bei .... Donaustauf
Ein »Museum der Bayerischen Geschichte« wird unter Leitung des »Hauses der Bayerischen Gesichte« voraussichtlich im Jahr 2018 in Regensburg eröffnet.

3. Essen und Trinken

Conditorei-Musem .... Kitzingen
Kartoffelmuseum .... München
Jagd- und Fischereimuseum .... Adelsdorf
Hopfen-Erlebnis-Hof, Altmannstadt Landkreis .... Eichstätt
Historisches Käsemuseum .... Altusried
Merrettich-Museum .... Baiersdorf

4. Wohnen

Wohnhöhlen in	Pottenstein und im Altmühltal
Pfahlbauten: Roseninsel/Starnberger See	Pestenacker und Unfriedshausen
im Landkreis Landsberg am Lech	
Germanisches Freilichtmuseum in	Weyarn
Villa rustica	Nördlingen
Römermuseum	Kempten
Römer und Bajuwarenmuseum	Kipfenberg
Bajuwarenhaus in	Waging am See
Fränkisches Freilandmuseum	Bad Windsheim
Burgen und Festungen mit Museen in	Würzburg, Coburg, Kulmbach,
Kronach, Pottenstein, Forchheim, Nürnberg, Regensburg, Landshut, Burghausen, …	
Fuggerei und Fuggereimuseum	Augsburg
Schlösser mit Museum in	Aschaffenburg, Würzburg, Bayreuth,
Ansbach, Neubrug, Höchstadt, Schleißheim, Kempten, Berchtesgaden, Schwangau,	
Chiemsee, Passau, Landshuth, Ettal, Dachau , Markus Wasmeier Freilichtmuseum,	
Schliersee	

5. Schule und Arbeit

Allgäu-Schwäbisches Dorfschulmuseum	Daxberg bei Erkheim
Chiemgauer Schulmuseum	Tacherting
Schulmuseum	Nürnberg
Erstes Bayerisches Schulmuseum	Sulzbach-Rosenberg
Städtisches Schulmuseum	Lohr am Main
Gerätemuseum des Coburger Landes	Ahorn
Gärtner- und Häckermuseum	Bamberg
Fränkisches Fischereimuseum	Bischberg
Postkutschen-Museum	Regensburg
Porzellanikon in	Selb
Glasmuseum	Frauenau
Bayerwald Handwerksmuseum	Arrach
Deutsches Schustermuseum	Burgkunstadt
Silbereisenbergwerk Gleißinger Fels	Fichtelberg
tim, Staatliches Textil- und Industriemuseum	Augsburg
Industriemuseum	Nürnberg
MAN-Museum	Augsburg
Historische Fraunhofer-Glashütte	Benediktbeuren
Bergbaumuseen in	Auerbach, Bach an der Donau
Bad Reichenhall, Bodenmais, Fichtelberg, Goldkronach, Hausham, Kropfmühl,	
Kümmersbruck	
DB-Museum Verkehrsmuseum	Nürnberg
Bayerisches Eisenbahnmuseum	Nördlingen
Museum mobile – Audi-Museum	Ingolstadt
BMW-Welt	München

6.. Feste, Musik und Mode

Pfingstrittmuseum Kirchenburg.. Bad Kötzting
Georg Papendicks Faschings- und Karnevalsordenmuseum .... Bad Reichenhall
Musikinstrumentensammlung im Deutschen Museum................................. München
und im Germanischen Nationalmuseum in .... Nürnberg
Geigenbau Museum...Mittenwald
Strumpfmuseum..Altenstadt
Deutsches Knopfmuseum.. Bärnau
Trachtenkulturmuseum in.. Geisenhausen-Holzhausen
Trachten- und Heimatmuseum..Weitlingen
Brauchtums- und Trachtenpuppenmuseum.. Würzburg
Stadtmuseum.. Aichach
Heimatmuseum... Simbach
Dorfmuseum im Greifenhaus..Hausen
Mittelschwäbisches Heimamtmuseum..Krumbach
Heimatmuseum... Prien
Pfalzmuseum..Forschheim
Trachtenmuseum .... Ochsenfurt
  »Die Nacht der Tracht« im Mai, Löwenbräukeller....................................... München
Augsburger Tracht-Nacht vor Beginn des Augsburger »Plärrers«

7. Sport

Skimuseum..Hinterzarten
Skimuseum.. Augsburg
Eishockeymuseum.. Augsburg
FIS-Skimuseum in... Fischen/Allgäu
Europäisches Golfmuseum in..Regensburg
Sportmuseum in .... Schwarzenbruck
FC-Bayern-Erlebniswelt.. München

Die Epochen der Geschichte Bayerns

Die Zeit von den ersten Menschen, die in unser Land kamen, bis zu den Germanen und Kelten, die dann das Gebiet des heutigen Bayern besiedelten, nennen wir »Vorgeschichte«. Diese Epoche wird weiter unterteilt in Steinzeit, Bronzezeit und Eisenzeit – je nachdem, aus welchem Material die Menschen gerade ihre Werkzeuge fertigten.

Die Zeit der Römer – die »Römische Antike« – prägt auch unsere Kultur und Lebensgewohnheiten sehr. Unser Essen und unsere Arbeit verändern sich und die Römer gründen unsere ersten Städte. Das Christentum kam ins Land.

Nach dem Ende des Römischen Reiches begann das »Mittelalter« und damit die Zeit der Bajuwaren beziehungsweise die des Herzogsgeschlechts der Agilolfinger. Später gewannen besonders die Wittelsbacher an Macht. Die Kirche regelte das Leben der Menschen. In den wachsenden Städten schlossen sich die Handwerker zu Zünften zusammen.
Die »Neuzeit« startete sozusagen mit der Entdeckung Amerikas und der Erfindung des Buchdrucks mit beweg-

lichen Lettern (Buchstaben). Es war die Zeit der Kaufleute, der Entdecker und Erfinder und der neugierigen Menschen. Bildung wurde immer wichtiger.

Anfang des 19. Jahrhunderts wurde Bayern ein Königreich, und ein paar Jahrzehnte später begann die »Industrialisierung«: Dampfmaschinen und die Eisenbahn wurden gebaut. Rudolf Diesel erfand einen besonderen Motor. Fabriken schossen wie Pilze aus dem Boden, doch die bayerischen Könige förderten trotzdem weiter das Handwerk.

Im 20. Jahrhundert wurde Bayern ein Freistaat. Zwei große Kriege erschütterten die Welt. Hunderttausende Menschen suchten eine neue Heimat, und viele fanden sie in Bayern. Die Mauer zwischen der Bundesrepublik Deutschland und der DDR fiel und die Europäische Union entstand. »Wir« wurden Papst. Und das Leben in Bayern wird immer internationaler.

Margit Auer

DER RÖMISCHE GEHEIMBUND

Krimi für Kinder
Broschur, 208 Seiten
ISBN 978-3-89705-959-7

Im Jahr 133 nach Christus: Magnus und Finn machen sich auf den Weg über die Alpen, um ihren alten Freund Rocko zu besuchen. Doch als die beiden Freunde in Rom ankommen, erleben sie eine böse Überraschung: Rocko wurde verhaftet – und das obwohl er als Arzt inzwischen reich und berühmt ist und sogar einen Gladiator betreut. Wer steckt dahinter? Was bedeuten die mysteriösen Zeichen an den Haustüren? Und wie lautet das Losungswort fürs Kolosseum? Wie gut, dass die Kinder nebenbei den Lieferservice »cena celeris«, »Schnelles Abendessen« betreiben: Der Duft des warmen Fladenbrots öffnet so manche Tür – denn auch Verbrecher haben Hunger!

»›Der römische Geheimbund‹ *ist mehr als eine spannende Erzählung. Margit Auers Buch ist nicht nur unterhaltend, es ist auch informativ. Die Vermischung der Darstellung antiken Lebens mit den Abenteuern von Magnus und Finn machen das Buch zu einem Lesevergnügen - auch für Erwachsene. Das besondere Verdienst Margit Auers ist, dass ihr Buch Kindern und Jugendlichen die Welt der Antike näherbringt.«* Mittelbayerische Zeitung

Thomans Göhmann

DAS GEHEIMNIS DES MONDRITTERS

Ein Kinderkrimi aus dem Allgäu
ab 9 Jahren
Broschur, 176 Seiten
ISBN 978-3-89705-957-3

Das Ostallgäu wird in Vollmondnächten von einem unheimlichen Reiter heimgesucht. Ist der legendäre »Mondritter« zurückgekehrt, der hier im Mittelalter sein Unwesen trieb? Für die »Waghalsigen Drei«, Leo, Liska und Lukas, liegt ein spannender Fall in der Luft. Doch als die drei Detektive nachts auf der Schlossruine Hohenfreyberg ermitteln, geraten sie in ein gefährliches Verbrechen und müssen ihr ganzes Können aufbieten, um den Fall zu lösen.

»Für Gute-Nachtgeschichten tauglicher Kinder-Krimi.«
Heimat Allgäu

....

....

....

....

....

....

....

....

....

....

....

....

....

....

....

....

....

....

....

....

....

....

....

....

....

....

....

....

Bildnachweis

Umschlag vorne re., 8 li. u., 16/17, 20 u., 39, 61, 112 Thinkstock, getty images, München

24, 26, 30, 36, 37 u.(akg-images / picture-alliance / dpa) , 40 o. und u., 42, 53 li (akg-images / Erich Lessing), 54(akg-images / Rainer Hackenberg), 55 re. (akg-images / Erich Lessing), 62, 64, 65 o., 74 (akg-images / Paul W. John), 75, 78 li, 90, 92 o., 92 u., 96 li., 98 li.(akg-images / picture-alliance / dpa), 100, 114 o. akg-images

8 li.u. (© aniramos - Fotolia.com), 9 li., 9 re.(© rallewolf - Fotolia.com), 12 u., 14 o., Um-schlag hinten li., 11, (© Alessandro Laporta) 16 (© Sascha Rösner - Fotolia.com), 43 u. (© victoria p. - Fotolia.com), 83, 88 o. (© mankale - Fotolia.com), 101 o., fotolia

8 li.o. Parafux, 8 re.o. Bbb, 8 re.u. Tinelot, 10 Michael Diefenbach, 11 o. Martin Bjerg, 12 o. Liquid Art, 13 o. FokusNatur, 13 u., 14 u KBWE, 17 Hermann Schachner, 20 o. Wolfgang Sauber, 21 Mößbauer, 22 u., 23 Albrecht Dürer, 24/25 Rensi, 27 Immanuel Giel, 28 o. Poco a Poco, 28 u. Axel Mauruszart, 31, 32 Joachim Specht, 33 o. Schatzkammer der Residenz Mün-chen, 33 u., 34 o. Michael Petzet, 34 u., 37 o., 43 o. Robert Helmut Bauer, 45 Evergreen68, 46 Havel Baude, 47 Amrei-Marie, 48 Heinrich Stürzl, 49 Xocholati, 52 Heribert Pohl, 53 Hugo Bürkner, 55 li. Albrecht Dürer, 58, 59 Gryffindor, 63 Einsamer Schütze, 65 u., 71 o. Berthold Werner, 71 u. Daniel 71953, 76 Sailko, 77 o. JOSKA Johannes Fuchs, 77 u. Deutsches Muse-um, München, 78 re., 79 Michael H., 78/79, 80 li. Dr. Bernd Gross, 80 re. Christine Deren-bach, Stadt Nürnberg, 81 o., 82 li. Mattes, 86/87 Octagon, 87, 88 u. Rolf Krahl (Rotkraut), 91 mi., 94 Wolfgang Sauber, 96 re., 97 re., 99 Clemensfranz, 101 mi. Wily Merkl, 101 u., 103 Christian Jansky, Umschlag hinten mi., 104, 114 Richard Bartz, 105 o. DerFalkVonFreyburg, 105 u. Keith Allisons, 108, 115 R.Pirkner, Wikimedia commons

11 u. Haus der Berge, 15 o. und u. © S. Koerner www.lupovision.de, 18, 19 Wölfl, 29 Bayeri-sches Nationalmuseum, 30 Stadtarchiv Rosenheim, 39 Bäckereimuseum, 41 Carola Reiner; Umschlag vorne li. 56, 57 o., 113 o. Markus Wasmeier Freilichtmuseum Schliersee, Umschlag hinten re., 57 u. Archiv Freilichtmuseum Glentleiten, 66, 67, 113 u. Peter Böhm, 69 Ma-ria-Ward-Realschule in Bamberg, 70 Archäologische Staatsammlung München, 72 Thomas Backof, 81 u. Deutsches Fastnachtsmuseum, Ronald Grunert-Held, Veitshöchheim, 82 li. Tourist-Info Bad Kötzting, 89 Alois Biermaier, 91 o. Steingraeber & Söhne, 91 u. Stadt Füs-sen, 93 Total alles über Bayern, Folio Verlag, 97 li. Museum Forchheim,

Illustrationen: 6/7, 44, 50/51, 60/61, 68/69, 85, 102/103: Claudia Carls

Der Verlag dankt allen Bildgebern ganz herzlich für die Bereitschaft, dieses Buchprojekt mit umfangreichem Bildmaterial unterstützt zu haben. Der Verlag und die Autorin haben sich um die Rechteeinholung bemüht. Nicht in allen Fällen ist uns dies gelungen. Sollten Rechte geltend gemacht werden, bitten wir die Rechteinhaber sich mit dem Nachweis direkt an den Verlag zu wenden.

Bibliografische Information der Deutschen Nationalbibliothek
Die Deutsche Nationalbibliothek verzeichnet diese Publikation
in der Deutschen Nationalbibliografie; detaillierte bibliografische Daten
sind im Internet über http://dnb.d-nb.de abrufbar.

Umschlaggestaltung: init | Kommunikationsdesign, Bad Oeynhausen

© 2015 Emons Verlag GmbH
Alle Rechte vorbehalten

Projektleitung: Rüdiger Müller
Illustrationen: Claudia Carls, Hamburg
Satz und Gestaltung: init | Kommunikationsdesign, Bad Oeynhausen

Druck und Bindung: B.O.S.S Medien GmbH, Goch

ISBN 978-3-95451-516-5

Unser Newsletter informiert Sie
regelmäßig über Neues von emons:
Kostenlos bestellen unter
www.emons-verlag.de